AF069238

Biblioteca de Obras Maestras del Pensamiento

Ecce homo

Friedrich

NIETZSCHE

Biblioteca de Obras
Maestras del Pensamiento

Ecce homo

Introducción, traducción y notas:
GERARDO R. WEHINGER

EDITORIAL LOSADA
BUENOS AIRES

Nietzsche, Friedrich
Ecce homo - 1ª ed. - Buenos Aires: Losada, 2004.
176 p.; 22 x 14 cm. - (Biblioteca de obras maestras del pensamiento)

Traducción de Gerardo Wehinger

ISBN 950-03-9339-5

1. Filosofía Moderna Occidental. I. Título
CDD 1990

Título del original:
Ecce homo

1ª edición en Biblioteca de Obras
Maestras del Pensamiento: agosto de 2004

Distribución:
Capital Federal: Vaccaro Sánchez, Moreno 794 - 9º piso
(1091) Buenos Aires, Argentina.
Interior: Distribuidora Bertrán, Av. Vélez Sársfield 1950
(1285) Buenos Aires, Argentina.

Composición: *Taller del Sur*

Introducción

Ecce homo. Cómo se llega a ser lo que se es. Este es, sin duda alguna, el título más pertinente que pueda pensarse para el texto autobiográfico de un filósofo genial como lo fue Friedrich Nietzsche. Ecce homo, o: "Aquí tienen al hombre", son las palabras con que Pilatos entrega a Jesucristo a la crucifixión, aun sin encontrar culpa en él, pero también sin poder torcer su destino. Ecce homo, así se autodefine el mismo Nietzsche. "Cómo se llega a ser lo que se es", no es ni más ni menos que el legado de alguien que supo asumir su propio destino, que supo estar a la altura de él y encarnarlo.

Friedrich Nietzsche, vida y obra

Corre el año 1844, es otoño, en la región de Turingia –Alemania– se manifiesta con noches cada vez más largas y en el incipiente color crepúsculo que adquieren los bosques. El 15 de octubre, en la pequeña ciudad de Röcken, nace Friedrich Wilhelm Nietzsche. Es el primogénito del pastor protestante del lugar, Karl Ludwig Nietzsche y de su esposa Franziska Oehler, hija de familia de párrocos, como su esposo. Dos años más tarde nace la hermana de Nietzsche, Elisabeth, que jugará un papel importante a lo largo de su vida y en el destino de su obra.

En relación a su temprana infancia Nietzsche hace constar, en una autobiografía que comienza a escribir a los 13 años de edad, que "Muy pronto fueron desarrollándose diversas características: Tales como cierta calma y tendencia a permanecer callado, características que me mantuvieron ligeramente alejado de los otros niños, junto a ellas iba brotando en ocasiones el apasionamiento. Totalmente al margen del mundo exterior, viví en el seno de un círculo familiar feliz; el pueblo y su entorno más cercano fueron mi mundo, todo lo distante constituía para mí un reino mágico desconocido". Pero su niñez no es todo lo apacible que uno podría imaginar; ya desde niño sufre el pequeño Friedrich los embates trágicos de la vida. A los cinco años muere su padre, en julio de 1849; medio año después muere su hermanito, poco antes de cumplir los dos años de vida.

De su padre guardará siempre un cálido recuerdo –y una significativa ausencia–. Nietzsche consideraba como un gran privilegio haber tenido el padre que tuvo, y así lo hace constar en *Ecce homo*; todo lo contrario a los sentimientos para con la madre y la hermana: "Cuando busco la más profunda oposición a mí, la incalculable vulgaridad del instinto, encuentro siempre a mi madre y a mi hermana"; el trato con ellas "me infunde un horror indecible".

En 1850 la familia se traslada a Naumburgo, donde nuestro pensador pasará su infancia manifestando aptitudes para la literatura y la música. "Mi educación –dice

Nietzsche en la mencionada autobiografía–, en sus principales partes, recayó en mis propias manos [...]. Me faltó la dirección, dura y reflexiva, propia de un intelecto masculino." Hacia los doce años comienzan los dolores de cabeza y de ojos que lo acompañarán –atormentarán– por el resto de su vida. En 1859 ingresa al conocido internado de Pforta –Pforta Schule–, comienza su alejamiento interior del cristianismo, desarrolla su gusto por la música y la literatura, compone y escribe uno de sus primeros poemas: "Al Dios desconocido" (1861).

Sería imprudente abordar la obra de Nietzsche al margen de su vida. Su vida es su obra, y viceversa. La filosofía que se expresa en sus escritos es una filosofía vital, no sólo porque en ella se teoriza acerca de la vida y la existencia sino, principalmente, porque la vida consiste para Nietzsche en vivir filosóficamente, poéticamente, encarnando existencialmente los propios valores, de creación lúdica.

En 1864 egresa de la Escuela de Pforta y, con veinte años recién cumplidos, se traslada a la Universidad de Bonn, junto al río Rin, a estudiar teología, orientado en su preparación como párroco; proyecto familiar que pesa sobre Nietzsche. Al año siguiente decide abandonar estos estudios y se lo comunica a su madre y a su hermana, frustrando así las expectativas que se tenían sobre él.

En octubre del año 1865 se traslada a Leipzig siguiendo al viejo profesor Ritschl que no dejará de alentar a su joven discípulo en quien ve extraordinarias aptitudes. Conoce al filólogo Erwin Rohde. Nietzsche se interesa por los estudios clásicos, orienta sus estudios hacia la filología clásica –funda la "Asociación Filológica"– y descubre la filosofía de A. Schopenhauer. En esta época, hasta 1869, da conferencias y publica artículos filológicos que le valen un cierto renombre en el ámbito académico. En octubre de 1867 la Universidad de Leipzig premia su investigación sobre Diógenes Laercio. En noviembre de 1868 conoce a Richard Wagner, a cuya música sucumbe totalmente; es invitado a Tribschen, residencia del músico.

A principios del año 1869, el 12 de febrero, se registra su primer gran reconocimiento: de la mano de Ritschl, quien lo recomienda especialmente con un informe altamente laudatorio, es nombrado, aún antes de doctorarse, profesor extraordinario de filosofía clásica en la Universidad de Basilea. En marzo la Universidad de Leipzig le otorga el doctorado, sin tesis ni examen, en base a los artículos publicados en la revista especializada *Rheinliches Museum*, de Ritschl. En abril renuncia a la ciudadanía prusiana y adopta la suiza; visita a Wagner en Tribschen, cerca de Lucerna; y en mayo inaugura su cátedra con la primera lección magistral acerca de Homero.

En el año 1870 es nombrado profesor ordinario, conoce al teólogo y catedrático Franz Overbeck y participa de la guerra Franco-Prusiana. Padece de una fuerte dolencia faríngeo-estomacal. Pasa Navidad y Año Nuevo con los Wagner en Tribschen, son días de sosiego y armonía; a Cosima Wagner le regala su *Visión dionisíaca del mundo*, en la que ha estado trabajando ese último año.

Es el año 1872, con 27 años de edad, Nietzsche publica su primer gran obra: *El nacimiento de la tragedia en el espíritu de la música*, que lo aleja de la filología y lo conduce hacia su propia trayectoria filosófica. Esta obra, excesivamente crítica e innovadora a la vez, tiene una excelente acogida entre sus amigos pero una pésima recepción en el mundo académico. El mismo Ritschl la califica como "ingenioso devaneo". Ese mismo año Wagner abandona Tribschen y se instala en Bayreuth, lugar al cual quedará finalmente ligado. Nietzsche compone *Meditaciones de Manfredo* –para piano a cuatro manos–; su amistad con Wagner crece hasta el apogeo.

En 1873 escribe la primera de las *Consideraciones Intempestivas: David Strauss, el confesor y el escritor*. Nietzsche mismo considera este escrito como su presentación en sociedad a través de un duelo. Queda claro en el *Ecce homo*: "En el fondo yo había practicado una máxima de Stendhal: él aconseja hacer la entrada en la sociedad con un duelo. ¡Y cómo me había elegido mi adversario!, ¡el primer librepensador alemán!" Compone un *Himno a la amistad* y escribe la segunda de sus *Consideraciones Intempestivas*. Al año siguiente se publicará la segunda edición del *Nacimiento de la tragedia*, y su segunda y tercer *Intempestiva*. Su relación con Bayreuth –Wagner– ya no es la mejor. En 1875 su salud empeora y conoce a Heinrich Köselitz , músico, a quien apoda Peter Gast –Pedro el Huésped–, con quien compartirá una entrañable amistad.

1876 es el año del comienzo de una nueva torsión en su vida. Escribe la cuarta *Intempestiva: Richard Wagner en Bayreuth*. Su salud empeora, le rechazan una oferta matrimonial y asiste al primer festival de Bayreuth, que lo decepciona profundamente. "¿Qué había sucedido? –pregunta Nietzsche en su *Ecce homo*–. ¡Se había traducido a Wagner al alemán! El wagneriano se había vuelto señor sobre Wagner! [...] Nosotros, los otros,[...] estábamos fuera de nosotros mismos al reencontrar a Wagner adornado con 'virtudes' alemanas." Nietzsche abandona Bayreuth y escapa a Klingenbrunn, un lugar en los bosques de Bohemia, donde "soporté mi melancolía y desprecio por los alemanes como si fuera una enfermedad". Comienza a escribir fragmentos que serán incorporados a *Humano, demasiado humano*. La universidad le otorga una licencia de enfermedad por un año y se traslada a Sorrento donde pasa el invierno con su nuevo amigo Paul Rée y dialoga por última vez con Wagner. Los años subsiguientes mantienen el mismo tono, empeoramiento de la salud, conclusión de *Humano demasiado humano; un libro para espíritus libres* (primera parte) y ruptura definitiva con los Wagner; finalmente abandona la universidad...

Nietzsche experimenta en carne propia la trágica condición del erudito Fausto, magistralmente descripta en el drama homónimo de J. W. von Goethe, que comienza su monólogo diciendo:

¡Ay!, ya he estudiado filosofía,
jurisprudencia y medicina,
y lamentablemente también teología,
por entero con caluroso esfuerzo.
Y aquí estoy yo ahora, pobre loco,
¡Y sigo sin saber más que al principio! [*Fausto*; 354-359]
¡Ay! ¿Sigo encerrado en esta cárcel?
¡Agujero maldito de pared,
donde hasta la querida luz del cielo
por cristales pintados entra turbia!

Impedido por tanto libro
que el polvo cubre y roen los gusanos,
y que hasta lo alto de estas altas bóvedas
se envuelven en papeles ahumados;
Cercado de redomas y retortas,
atornillado a fuerza de instrumentos,
entre trastos de los antepasados... [*Fausto*; 398-408]
En vez de la naturaleza viva
que infundió Dios al hombre,
te rodean tan sólo el humo, el moho,
muertos caparazones y esqueletos. [*Fausto*; 414-417]

Nietzsche lo expresa a su manera en *Ecce homo*: "Lo que entonces se resolvió en mí no fue acaso una ruptura con Wagner – yo percibía un extravío general de mi instinto, del cual cada desacierto singular, llámese sólo Wagner o cátedra de Basilea, era un mero signo. Me sobrecayó una **impaciencia** conmigo mismo; yo comprendí que había llegado el momento culminante de volver a reflexionar sobre **mí**. De una vez se me hizo claro, de un modo terrible, cuánto tiempo ya había sido dilapidado, – qué efecto inútil, arbitrario, hacía toda mi existencia de filólogo comparada con mi tarea. Me avergonzaba de esa **falsa** modestia... Diez años detrás de mí, donde la **alimentación** del espíritu en mí había quedado propiamente detenida, donde no había aprendido nada utilizable, donde yo había olvidado absurdamente mucho sobre cachivaches de polvorienta erudición. Arrastrarme con acribia y ojos enfermos a través de antiguas métricas – ¡hasta esto había llegado! Me vi con lástima muy delgado, totalmente deshambrido: las **reali-**

dades faltaban precisamente en el interior de mi saber ¡y las 'idealidades' servían para qué diablos!".

En verano del año 1879, la Universidad de Basilea le asigna a Nietzsche una pensión de por vida y se establece en la Alta Engadina donde, de ahora en más, pasará los veranos. Durante los inviernos buscará, por lo general, los aires del mar Mediterráneo en Italia.

Ya determinado hacia su propio destino, liberado de relaciones afectivas y académicas restrictivas, Nietzsche se lanza a «ser lo que es» con alivianado espíritu. En 1880 publica *El viajero y su sombra* (que se incluye en *Humano, demasiado humano* –segunda parte–). Al año siguiente se publica *Aurora; pensamientos acerca de los prejuicios morales*. Primer verano en Sils María y, por asalto, le sobreviene el pensamiento del eterno retorno. Y así lo relata el mismo Nietzsche en *Ecce homo*: "Voy a contar la historia del *Zarathustra*. La concepción fundamental de la obra, el pensamiento del eterno retorno, esa fórmula suprema de afirmación que puede alcanzarse en absoluto –, es de agosto del año 1881". El *Zarathustra* en estado embrionario.

1882, viaja por Italia y conoce a Lou von Salomé de la cual se enamoran él y su amigo Paul Rée; ambos le piden matrimonio y ambos son rechazados (Nietzsche dos veces); su hermana habría tenido una intervención poco afortunada. Se publica *Idilios de Messina* y *La gaya ciencia*. A principios del 1883 muere Wagner en Venecia.

Desde 1883 hasta 1885 se expande el tiempo culminante de la producción, de la creación intelectual de Nietzsche. Son los años del *Zarathustra; un libro para todos y para ninguno*. Este libro no sólo expresa una producción intelectual, un pensamiento; fundamentalmente expresa una vida que es dada a luz; y para la cual, finalmente, ni editor logrará conseguir. La cuarta parte del *Zarathustra* será editada (cuarenta ejemplares) por el propio Nietzsche.

Del año 1886 en más serán los años *post-Zarathustra,* al menos Nietzsche siente a esta obra como hito axial en su vida. "La tarea de los años siguientes estaba ya trazada de la manera más rigurosa posible. –Así Nietzsche en *Ecce homo*–. Después que la parte de mi tarea que dice sí estaba resuelta, le llegaba el turno a la que dice no, la mitad que hace no [...] De ahí en más todos mis escritos son anzuelos[...]." Este mismo año publica (también a costa suya) *Más allá del bien y del mal; preludio de una filosofía del futuro*. Y en el año 1887 la *Genealogía de la moral; un escrito polémico*. Dos aspectos de una misma cuestión, la moral occidental. El primero de los textos aborda las cuestiones morales de manera más intuitiva, distendida, una recuperación después del *Zarathustra*. Así en *Ecce homo*: "¿Quién adivina, finalmente, qué tipo de recuperación se hace necesaria tras una dilapidación tal de bondad como es el *Zarathustra*?... Dicho teológicamente [...] fue Dios mismo quien, al final de su jornada de trabajo, se tendió con forma de serpiente bajo el árbol del conocimiento: así se recuperaba de ser Dios... Había hecho todo demasiado bello... El diablo es meramente el ocio de Dios cada séptimo día...". La *Genealogía de la moral* remonta de manera más reflexiva el origen y triunfo de la moral metafísica religiosa, lo que hay detrás de los ideales ascéticos.

Se precipita luego la producción intelectual de Nietzsche, como si intuyera el trágico final. Trabaja en el proyecto «La voluntad de Poder»; intenta articular sus partes. En verano del 1888 escribe *El caso Wagner. Un problema para musicantes*. Finaliza *Ditirambos de Dionisos*. En otoño escribe *Crepúsculo de los ídolos. Cómo se filosofa con el martillo*. También escribe *El Anticristo. Maldición contra el cristianismo*; luego *Ecce homo. Cómo se llega a ser lo que se es*, y finalmente, en diciembre del mismo año, *Nietzsche contra Wagner. Actas de un psicólogo*. Esta última etapa es acompañada por una eufórica sensación de buena salud. El tiempo es radiante, el aire es puro, el espíritu es jovial. El 16 de diciembre escribe "No veo ahora por qué me empeñé en acelerar excesivamente la trágica catástrofe de mi vida, que comienza con el *Ecce homo*".

El 3 de enero de 1889 es el comienzo del fin; crisis de nervios y colapso en *Piazza Carlo Alberto* de Turín; de él se ocupan primero algunos amigos, Overbeck principalmente; en la Clínica Psiquiátrica de la Universidad de Jena se constatan síntomas de locura, el diagnóstico finalmente dirá "parálisis progresiva", ya no hay esperanzas de curación. Desde 1890 se ocuparán de él su madre y su hermana. Nietzsche habría abandonado este mundo para reunirse con los dioses; finalmente muere el 25 de agosto de 1900 ingresando de este modo en el siglo XX, el siglo que lo vería nacer…

Ecce homo, texto y contexto

La primera publicación de *Ecce Homo* ocurre en el año 1908, veinte años después de su redacción, en 1888; éste puede ser considerado uno de los años más fecundos de Friedrich Nietzsche. Es el año anterior a su derrumbamiento, él aún trabaja sobre *La voluntad de poder*, reúne y clasifica pensamientos suyos sobre el tema e intenta articularlos. Nietzsche sabe, siente, que no le queda mucho tiempo. Ha llegado el momento de ocuparse definitivamente de sí mismo. El 15 de octubre de 1888 –lo dice él mismo en el libro que aquí presentamos–, el día de su cuadragésimo cuarto cumpleaños, él decide "contarse su vida a sí mismo". Desde ese día, hasta mediados de noviembre, en que envía el manuscrito a la imprenta, nuestro autor trabaja intensamente en su peculiar autobiografía.

Nietzsche es consciente de su extraordinario peso específico, sabe que pertenece a esa rara casta de grandes filósofos que son capaces de determinar el destino de la humanidad para los siglos venideros: "Yo conozco mi suerte –dirá en *Ecce homo*–. Alguna vez el recuerdo de algo inmenso irá unido a mi nombre – de una crisis como ninguna hubo en la tierra, de la más profunda colisión de conciencia, de una decisión conjurada **contra** todo lo que hasta allí se había creído, exigido, santificado. Yo no soy un hombre; yo soy dinamita". Él es un gran filósofo, y un gran filósofo no es uno más en la comunidad disertante; como gran filósofo que es, se presenta de cuerpo entero con poderosa palabra en el escenario histórico ante la humanidad. Emergiendo de la profundidad de los tiempos encarna sus ideales de grandeza histórica y contempla desde inigualable altura su propio tiempo, y se dispone a hacer época.

Su último año de producción no es tiempo de nuevos pensamientos, sino de su condensación. *El caso Wagner, El crepúsculo de los ídolos, El Anticristo* y *Ecce homo*, todos cosecha de un mismo año, aumentan e intensifican ideas ya conocidas. Importa la presentación escénica del discurso, y la autorreferencia; así, *Ecce homo* gira en torno a la cuestión: ¿Quién soy yo para ser, pensar y producir como lo hago? El filósofo se había puesto en escena, ahora se describe en escena.

Si hasta ahora no se había comprendido, en estos últimos textos queda claro que la obra de Nietzsche no puede abordarse al margen del contexto biográfico. La filosofía de Nietzsche es vital, en el sentido de que la forma de hacer filosofía que él propone es vivir filosóficamente, esto es, honesta, lúdica, creativamente; más allá de los sistemas ideales y la verdad tradicional. "No conozco otra manera de tratar con grandes tareas que el **juego**: éste es, como indicio de grandeza, un presupuesto esencial" dirá en *Ecce homo*; así, en esta su visión del gran juego como voluntad de poder lo presenta, al juego, como variable privilegiada del fundamento estético ontológico.

La segunda mitad del siglo XIX es un tiempo de cambios y rupturas. Pensemos nada más en los profundos y precipitados cambios que se producen en la ciencia, en el arte, la técnica, en las estructuras políticas y sociales, y en lo que ha venido llamándose filosofía. Y estos cambios van acompañados de una profunda y demoledora crítica y sospecha de todo lo que quedara ligado a la tradición; Nietzsche mismo se convertirá en "maestro de la sospecha" –así P. Ricoeur– junto con K. Marx y S. Freud. Nietzsche tiene un fino olfato –él hablará de "ollares"– para captar, analizar y describir este acontecimiento epocal;

"Recién yo he **descubierto** la verdad –dice en *Ecce homo*–, debido a que yo primero sentí –**olí**– la mentira como mentira... Mi genio está en mis ollares...". Su afinada capacidad para captar el fraude, el error, lo caduco y el engaño le permiten describir con múltiples metáforas la caída de la metafísica clásica; nosotros lo expresamos con su frase "Dios ha muerto", frase que no es de él, pero que él escenificó. Nietzsche encarna su tiempo avizorando las posibilidades de un nuevo amanecer, lo extratemporal se hace temporal y, cual héroe a la vez victorioso y vencido, se funde en un destino excepcional –divino–, que lo derrumba y a la vez lo inmortaliza.

Nietzsche reconoce a su propio tiempo como tiempo de decadencia; él mismo confiesa la decadencia pero dice que la ha superado, al contrario de Wagner, cuyo arte estaría totalmente determinado por ella. Decadencia es un gran poder cultural, un estilo que contamina todos los ámbitos de la vida, decadencia es prolongar la vida después de la muerte de Dios sin asumir el acontecimiento, decadencia es religión y metafísica que parpadean.

También su madre y su hermana son decadentes; a esta última escribe en noviembre de 1888: "Tú no tienes la más remota idea de estar emparentada de cerca con el hombre y el destino en el que se ha decidido la pregunta de milenios". Superar la decadencia implica el ascenso a las alturas, al aire puro y frío de las altas cumbres, a la soledad. Éste es el lugar de la amplia visión y la serenidad, lo dice en *Ecce homo*: "Aún en este instante miro hacia mi futuro –¡un **vasto** futuro!– como hacia un mar liso: ninguna petición se encrespa en él. Yo no quiero en lo más mínimo que algo se vuelva distinto a lo que es; yo mismo no quiero devenir distinto". La superación de la *décadence* –así lo escribe él, en francés– implica la aceptación de lo que se es, y "lo que fue" como un "así lo quise": *Amor fati*. "Mi fórmula para la grandeza en el hombre es *amor fati*: el no querer nada distinto, ni hacia delante, ni hacia atrás, ni en toda la eternidad. No sólo soportar lo necesario –todo idealismo es mendacidad ante lo necesario– sino amarlo...".

Era otoño de 1888 en Turín, el definitivo, el más eufórico, y Nietzsche había realizado lo más monstruoso, había sacado todas las consecuencias posibles a la muerte de Dios. Y esto no sólo lo expresa firmando sus cartas con "Dionisos contra el crucificado", sino también en la más osada autointerpretación de última hora que es el *Ecce homo*, cuyo destinatario era el gran público, escrito que también termina con las palabras: "¿Se me ha entendido? Dionisos contra el crucificado...".

La presente edición

El texto que aquí presentamos es la traducción al castellano del original aparecido en el tomo VI de la edición crítica realizada por Giorgio Colli y Mazzino Montinari. Este tomo contiene las obras publicadas por Friedrich Nietzsche: *El caso Wagner. Un problema para musicantes* (1888) y *El crepúsculo de los ídolos. Cómo se filosofa con el martillo* (1889). Asimismo contiene los escritos póstumos que Nietzsche redactó entre agosto de 1888 y principios de enero de 1889; estos escritos, cuya publicación –tal como pudo comprobarse– Nietzsche habría pretendido hasta el 2 de enero de 1889, son –en orden a su redacción–: *El Anticristo. Maldición contra el cristianismo*; *Ecce homo. Cómo se llega a ser lo que se es*; y *Ditirambos de Dionisos*. En último lugar se encuentra *Nietzsche contra Wagner. Actas de un psicólogo*, a cuya publicación Nietzsche habría desistido el 2 de enero de 1889.

Así, nuestro *Ecce homo* reproduce el texto originalmente querido por Nietzsche, libre de censuras e interpolaciones realizadas tanto por algunos editores como –principalmente– por su hermana. En este sentido cabe mencionar especialmente el parágrafo 3 del apartado "Por qué soy tan sabio", que había sido reemplazado íntegramente. En este fragmento Nietzsche ataca frontalmente a su madre y a su hermana, y había permanecido oculto hasta su descubrimiento realizado en julio del año 1969 por G. Colli y M. Montinari entre los papeles de Peter Gast, que había realizado una copia del original; el cual, a su vez, habría sido destruido por la hermana de Nietzsche.

Confrontamos, entonces, al lector con el texto en su versión más auténtica, intentando respetar incluso la puntuación empleada por Nietzsche que a veces llega a resultar hasta extraña; el empleo de puntos suspensivos, guiones y exclamaciones, intentan reproducir y amplificar, en muchos casos, el efecto explosivo, el latigazo, que Nietzsche expresa en lo que dice. También mantenemos en original los términos expresados en otro idioma, ya que entendemos que así se respeta mejor la intención del autor, conservando la fuerza de su expresión. Cada vez que aparezca por vez primera un término en idioma extranjero el significado del mismo será aclarado en notas al final del libro; estos términos se transcriben en *cursiva.*

El estilo nietzscheano alcanza en ésta, su obra más personal, la cumbre de su expresión, torturando a veces al lector, y exigiéndole entrar en su propio ritmo –*tempo*, para utilizar el término propio– para comprender los que se está intentando decir. Nietzsche mismo redacta determinadas fórmulas de tal manera que se destaquen del resto del escrito, nosotros transcribimos estos pasajes en caracteres sin empaste; también respetamos su puntuación. Asimismo, hemos decidido traducir las fórmulas que usualmente se expresan con el término "vosotros" por nuestro más cotidiano y rioplatense "ustedes"; la intención, con esto, es mantener para nosotros la fluidez y liviandad del estilo nietzscheano. Las citas que el mismo Nietzsche realiza de su propia obra, nosotros las remitimos a la edición crítica de los ya mencionados G. Colli y M. Montinari.

Finalmente deseamos al lector un placentero, a la vez que conmovedor, recorrido por este escrito que presenta, no sólo a la obra, sino también al personaje, que supo tener la audacia de plantarse ante el mundo como "Ecce homo"; despertando, así, nuestro interés por su filosofía.

GERARDO R. WEHINGER

Buenos Aires; otoño de 2004.

ECCE HOMO[1]

Cómo se llega a ser lo que se es[2]

Prólogo

1.

En previsión a que en breve tendré que presentarme ante la humanidad con la exigencia más pesada que jamás se le haya planteado, me parece imprescindible decir **quién soy yo**. En el fondo se podría saber: pues no me he "dejado sin testimonio". La desproporción empero, entre la magnitud de mi tarea y la **pequeñez** de mis contemporáneos, se ha puesto de manifiesto en que ni se me ha oído, ni siquiera se me ha visto. Yo vivo por mi propio crédito: ¿es quizá un mero prejuicio que yo viva...? Sólo necesito hablar con cualquier "cultivado" que en verano viene a la Alta Engadina para convencerme de que yo **no** vivo... Bajo estas circunstancias hay un deber contra el que, en el fondo, mi costumbre, más aún, el orgullo de mis instintos, se rebela, éste deber es decir: **¡Escúchenme! Pues yo soy éste y éste. ¡Ante todo no me confundan con otros!**

2.

Yo no soy de ningún modo, por ejemplo, un cuco, ningún monstruo moral, –soy incluso una naturaleza contraria a ese tipo de hombre que hasta ahora se ha venerado como virtuoso. Entre nosotros, me parece que justo esto corresponde a mi orgullo. Yo soy un discípulo del Filósofo Dionisos, preferiría ser antes un sátiro que un santo. Pero léase sólo este escrito. Quizá lo haya conseguido, quizá no haya tenido este escrito otro sentido que expresar esta contradicción de manera jovial y agradable. Lo último que **yo** prometería, sería "mejorar" la humanidad. Por mí no son erigidos nuevos ídolos; los viejos querrán aprender lo que implica tener pies de barro. **Derribar ídolos** (mi palabra para "ideales"), – esto ya corresponde más a mi oficio. Se ha despojado a la realidad de su valor, de su sentido, de su veracidad, cuando se **mintió** un mundo ideal... El "mundo verdadero" y el "mundo aparente"– dicho claramente: el mundo **mentido** y la realidad... La **mentira** del ideal fue hasta ahora la maldición sobre la realidad, la humanidad misma se ha vuelto por ella falsa y mendaz hasta en sus instintos más básicos – hasta la adoración de valores **inversos** a aquellos con los cuales se habría garantizado la prosperidad, el futuro, el alto **derecho** al futuro.

3.

– Quien sabe respirar el aire de mis escritos, sabe que es un aire de altura, un aire **fuerte**. Se debe estar hecho para él, si no no es pequeño el peligro de resfriarse en él. El hielo está cerca, la soledad es enorme – ¡pero qué serenas yacen todas las cosas en la luz! ¡qué libre se respira! ¡cuánto se siente **debajo** de uno! – Filosofía, tal como yo la he entendido y vivido hasta ahora, es la libre voluntad de vida en el hielo y las altas montañas – es la búsqueda de todo lo extraño y cuestionable en el existir, todo aquello que hasta ahora había sido proscrito por la moral. De una larga experiencia, que dio tal excursión **en lo prohibido**, aprendí a ver las causas a partir de las cuales hasta ahora se ha moralizado e idealizado, de manera muy distinta a lo que sería deseable: la **oculta** historia de los filósofos, la psicología de sus grandes nombres, salió para mí a la luz. – ¿Cuánta verdad **soporta**, cuánta verdad **arriesga** un espíritu? Esto se fue convirtiendo para mí cada vez más en la auténtica medida de valor. Error (–la creencia en el ideal–) no es ceguera, error es **cobardía**... Cada conquista, cada paso adelante en el conocimiento es **consecuencia** del coraje, de la dureza consigo mismo, de la limpieza consigo mismo... Yo no refuto los ideales, yo sólo me pongo guantes ante ellos... *Nitimur in vetitum*[3]: bajo este signo triunfará un día mi filosofía, pues hasta ahora siempre se prohibió fundamentalmente sólo la verdad.–

4.

– Entre mis escritos se destaca por sí mi *Zarathustra*. Con él he hecho a la humanidad el regalo más grande que le fuera hecho hasta ahora. Este libro, con una voz que supera milenios, no es sólo el libro más elevado que existe, propiamente el libro del aire de alturas –todo el hecho hombre yace a inmensa distancia **bajo** él–, es también el **más profundo**, el nacido de la riqueza más íntima de la verdad, un pozo inagotable al cual ningún balde baja sin subir lleno de oro y de bondad. Aquí no habla ningún "profeta", ninguno de aquellos estremecedores híbridos de enfermedad y de voluntad de poder a los que se llama fundadores de religiones. Ante todo se debe **oír** correctamente el tono que sale de esa boca, ese tono alciónico[4], para no cometer lastimosa injusticia con el sentido de su sabiduría. "Las más calmas palabras son las que traen el temporal; los pensamientos que llegan con pies de paloma conducen el mundo – ".[5]

Los higos caen de los árboles, son buenos y dulces: y, en tanto caen, se les razga la roja piel. Un viento nórdico soy yo, higos maduros.

Así, al igual que higos, les caen estas enseñanzas a ustedes, mis amigos: ¡beban su jugo y su dulce carne! Otoño es alrededor y cielo puro y la tarde –.[6]

Aquí no habla un fanático, aquí no se "predica", aquí no se exige **fe**: de una infinita plenitud de luz y profunda felicidad cae gota a gota, palabra a palabra – una suave lentitud es el *tempo*[7] de estos discursos. Algo así llega sólo a los más escogidos, es un privilegio sin igual ser aquí un oyente; nadie es libre de tener oídos para Zarathustra... ¿No es Zarathustra, con todo esto, un **seductor**?... ¿Pero, qué dice él mismo cuando regresa por primera vez a su soledad? Justamente lo contrario de aquello que en un caso así diría cualquier "sabio", "santo", "redentor del mundo" y otro *décadent*[8]... Él no sólo habla distinto, el también **es** distinto...

¡Ahora voy yo solo, mis discípulos! ¡También ustedes parten ahora, y solos! Así lo quiero yo.

¡Apártense de mí y defiéndanse contra Zarathustra! ¡Y mejor aún: avergüéncense de él! Quizá él les engaña.

El hombre del conocimiento no sólo debe amar a sus enemigos, él también debe poder odiar a sus amigos.

Se retribuye mal a un maestro si se permanece siempre alumno.

¿Y por qué no quieren ustedes deshojar mi corona?

Ustedes me veneran: ¿pero cómo, si vuestra veneración algún día se vuelca? ¡Cuídense, que no les aplaste una estatua!

¿Ustedes dicen que creen en Zarathustra? ¡Pero qué hay en Zarathustra! Ustedes son mis creyentes, ¡pero qué hay en todos los creyentes!

Ustedes aún no se habían buscado: ahí me encontraron. Así hacen todos los creyentes; por eso hay tan poco en todas las creencias.

Ahora les ordeno que a mí me pierdan y a ustedes se encuentren; y recién cuando todos ustedes hayan renegado de mí, quiero reencontrarles a ustedes…[9]

FRIEDRICH NIETZSCHE

* * *

En este día de plenitud, donde todo madura y no sólo la uva se vuelve marrón, acaba de caer un rayo de sol sobre mi vida: miré hacia atrás, miré hacia fuera, nunca vi tanto y tan buenas cosas de una vez. No en vano sepulté hoy mi cuadragésimo cuarto año[10], yo **pude** sepultarlo, – lo que en él era vida está salvado, es inmortal. La **Transvaloración de todos los valores**[11], los **Ditirambos de Dionisos** y, como recreación, el **Crepúsculo de los ídolos** – ¡todo regalos de este año, incluso de su último cuarto de año! **¿Cómo no debería estar agradecido a toda mi vida?** Y así me cuento mi vida a mí mismo.

* * *

Por qué soy tan sabio

1.

La felicidad de mi existencia, su singularidad quizá, reside en su fatalidad: yo, para expresarlo en forma enigmática, como mi padre ya he muerto, como mi madre aún vivo y envejezco. Esta doble procedencia, a la vez del más alto y del más bajo vástago de la escalera de la vida, *décadent* a la vez y **comienzo** – esto, si acaso algo, explica aquella neutralidad, aquella libertad de partido en relación al problema global de la vida, que quizá me distingue. Yo tengo, para los signos de ascenso y descenso, un olfato más fino que el que jamás hombre alguno haya tenido, yo soy el maestro *par excellence*[12] para esto, – yo conozco ambos, yo soy ambos. – Mi padre murió con treinta y seis años: era tierno, amable y enfermizo, como un ser destinado únicamente a pasar de largo, – antes un bondadoso recuerdo de la vida, que la vida misma. En el mismo año en que su vida decaía, también decaía la mía: en el trigésimo sexto año de vida llegué yo al más bajo punto de mi vitalidad, – yo aún vivía, pero sin ver tres pasos delante de mí. Entonces –era el año 1879– renuncié a mi cátedra en Basilea, viví durante el verano como una sombra en St. Moritz, y el invierno siguiente, el más pobre de sol de mi vida, **siendo** una sombra, en Naumburg. Esto fue mi *minimum*: *El viajero y su sombra* nació entonces. Indudablemente yo entendía entonces de sombras... En el invierno siguiente, mi primer invierno genovés, aquella dulcificación y espiritualidad, casi condicionadas con la extrema pobreza de sangre y músculos, produjeron *Aurora*. La plena claridad y jovialidad, incluso la exuberancia del espíritu que la obra nombrada refleja, se soportan en mí no sólo con la más profunda debilidad fisiológica, sino incluso con un exceso de sentimiento de dolor. En medio del martirio que trae consigo un ininterrumpido dolor cerebral de tres días, acompañado por un penoso vómito mucoso, – poseía yo una claridad dialéctica *par excellence* y pensaba cosas con mucha sangre fría, sobre las que, en condiciones más saludables, no soy más escalador, no soy refinado, no soy suficientemente **frío**. Mis lectores saben quizá hasta qué punto considero a la dialéctica como síntoma de *décadence*, por ejemplo en el caso más famoso de todos: en el caso de Sócrates. Todos los enfermizos trastornos del intelecto, incluso aquel semiaturdimiento que trae en consecuencia la fiebre, me han quedado hasta hoy cosas totalmente ajenas, sobre cuya naturaleza y frecuencia me he tenido que instruir por vía científica. Mi sangre corre despacio. Nadie ha podido constatar nunca fiebre en mí. Un médico que me trató largo tiempo como enfermo de los nervios, dijo finalmente: "¡No! a sus nervios les pasa nada, sólo yo mismo estoy nervioso". Absolutamente indemostrable cualquier degeneración local, ninguna dolencia estomacal orgánicamente condicionada, aunque como siempre, como consecuencia del agotamiento general, la más profunda debilidad del sistema gástrico. También la dolencia ocular, que a veces se acerca peligrosamente a la ceguera, es sólo consecuencia, no causa: de manera que con cada incremento de fuerza vital también incrementó nuevamente la fuerza visual. – Convalecencia significa para mí una larga, demasiado larga serie de años, – desgraciadamente también significa, a la vez, recaída, decaimiento, periodicidad de una especie de *décadence*. ¿Necesito decir, después de todo esto, que en cuestiones de la *décadence* yo soy **experto**? La he deletreado hacia delante y hacia atrás. Incluso aquel arte filigranado de captar y, sobre todo, comprender, aquellos dedos para *nuances*[13], aquella psicología del "mirar-por-la-esquina" y lo demás que me es propio recién lo aprendí entonces, es el auténtico regalo de aquel tiempo, en que todo en mí se refinaba, la observación misma como todos los órganos de la observación. Desde la óptica del enfermo mirar hacia conceptos y valores *más sanos*, y nuevamente a la inversa, desde plenitud y autoseguridad de la vida **rica** mirar hacia abajo en el secreto trabajo del instinto de *décadence* – ese fue mi ejercicio más largo, mi más propia experiencia, si en algo, en esto llegué yo a ser maestro. Ahora lo tengo en la mano, tengo la mano para ello, **dar vuelta las perspectivas**: primer motivo del porqué quizá sólo para mí sea posible sobre todo una "transvaloración de los valores". –

2.

Descontado, pues, que soy un *décadent*, soy también su opuesto. Mi prueba para ello es, entre otras, que yo he elegido instintivamente contra los malos estados siempre los medios **correctos**: mientras el *décadent* en sí siempre elige los medios que le perjudican. Como *summa summarum*[14] yo estaba sano; como ángulo, como especialidad yo era *décadent*. Aquella energía para el absoluto aislamiento y evasión de circunstancias habituales, la coacción contra mí, a ya no dejarme atender, servir, **medicar** – esto delata la incondicional certeza instintiva sobre **lo que** entonces necesitaba ante todo. Yo mismo me puse en mis manos, yo mismo me sané: la condición para ello –cualquier fisiólogo lo concederá– es, **que en el fondo se está sano**. Un ser típicamente mórbido no puede sanar, menos aún sanarse a sí mismo; para un ser típicamente sano, en cambio, puede la enfermedad incluso ser un enérgico **estimulante** para vivir, para vivir-más. Así, de hecho, se me presenta **ahora** aquel largo tiempo de enfermedad: en cierto modo descubrí la vida de nuevo, incluido a mí mismo, yo saboreé todas las buenas e incluso pequeñas cosas, como otros no podrían saborear fácilmente,– yo hice de mi voluntad de salud, de **vida**, mi filosofía... Pues préstese atención a esto: los años de mi más baja vitalidad fueron aquellos donde yo **cesé** de ser pesimista: el instinto de autorrestablecimiento me **prohibió** una filosofía de la pobreza y el desánimo... ¿Y en qué se reconoce en el fondo la **buena constitución**? En que un hombre bien constituido agrada a nuestros sentidos: en que está tallado de una madera que es, a la vez, dura, suave y aromática. Sólo le gusta lo que es saludable; su agrado, su placer cesa donde se sobrepasa la medida de lo saludable. Él adivina remedios contra daños, él aprovecha las contrariedades en su beneficio; lo que no le mata, lo hace más fuerte.

Él compendia **su** suma instintivamente de todo lo que ve, oye, vivencia: él es un principio selector, él deja caer muchas cosas. Él siempre está en **su** compañía, se relacione con libros, personas o paisajes: él honra en la medida que **elige**, en que **admite**, en que **confía**. Él reacciona lento a todo tipo de estímulos, con aquella lentitud que una larga previsión y un querido orgullo le han inculcado, – él examina el estímulo que se acerca, él está lejos de ir a su encuentro. Él no cree ni en la "desgracia", ni en la "culpa": deviene en conclusiones consigo mismo, con los otros, él sabe **olvidar**, – él es suficientemente fuerte para que todo **deba** ser lo mejor para él. Pues bien, yo soy la **contraparte** de un *décadent*: pues me acabo de describir a **mí**.

3.

Considero como un gran privilegio haber tenido el padre que tuve: los campesinos ante los que predicaba –pues, después de haber vivido varios años en la corte de Altenburgo, él fue los últimos años predicador– decían que sin duda así debía parecer un ángel. – Y con esto toco la cuestión de la raza. Yo soy un noble polaco *pur sang*[15], al que no se le ha mezclado ni una gota de sangre mala, y mucho menos alemana. Cuando busco la más profunda oposición a mí, la incalculable vulgaridad del instinto, encuentro siempre a mi madre y a mi hermana, – creerme emparentado con tal *canaille*[16] sería una blasfemia a mi divinidad. El trato que experimento por parte de mi madre y de mi hermana, hasta este instante, me infunde un horror indecible: aquí trabaja una perfecta máquina infernal con infalible seguridad sobre el instante en el que se me puede herir cruentamente – en mis instantes supremos,... pues ahí falta toda fuerza para defenderse contra los gusanos venenosos... La contigüidad fisiológica hace posible una tal *disharmonia praestabilita*[17]... Pero yo reconozco que la objeción más honda contra el "eterno retorno", que es mi pensamiento propiamente **más abismal**, siempre son mi madre y mi hermana. Pero también como polaco soy un enorme atavismo. Habría que retroceder siglos para encontrar a ésta, la más distinguida de las razas que hubo en la tierra, con la medida en pureza de instinto como yo la represento. Yo tengo contra todo lo que hoy se llama *noblesse*[18], un soberano sentimiento de distinción, – yo no concedería al joven *Kaiser*[19] alemán el honor de ser mi cochero. Hay un sólo caso donde reconozco a un igual – lo confieso con profundo agradecimiento. La señora Cosima Wagner es por lejos la naturaleza más distinguida; y, para que yo no diga una palabra de menos, digo que Richard Wagner fue, para mí, por lejos el hombre más emparentado... El resto es callar... Todos los conceptos dominantes sobre grados de parentesco son un contrasentido fisiológico, que no puede ser superado. El Papa aún hoy negocia con este contrasentido. Con quien **menos** se está emparentado es con sus padres: sería el más extremo signo de vulgaridad el estar emparentado a sus padres. Las naturalezas superiores tienen su origen infinitamente más atrás, hacia ellas se ha tenido que reunir, ahorrar, amontonar por más tiempo. Los **grandes** individuos son los más antiguos: yo no lo entiendo, pero Julio César podría ser mi padre –

o Alejandro, ese Dionisos personificado... En este instante, en que escribo esto, el correo me trae una cabeza de Dionisos...

4.

Nunca he entendido el arte de disponer en contra mío –también esto agradezco a mi incomparable padre– y aún cuando me parecía de gran valor. Yo, con todo cuanto de no-cristiano esto parezca, ni siquiera estoy dispuesto contra mí. Se querrá girar mi vida de acá para allá, no se descubrirá en ellá, descontando aquel único caso, ninguna huella de que alguien haya tenido mala voluntad contra mí, – pero quizá haya demasiadas huellas de **buena** voluntad... Mis experiencias incluso con aquellos con quienes cualquiera tiene malas experiencias, hablan sin excepción en pro de ellas; yo domo cualquier oso, yo hago decentes incluso a los bufones. En los siete años en que enseñé griego en la clase superior del *Pädagogium* de Basilea, no he tenido motivo para impartir sanción alguna; conmigo los más perezosos eran laboriosos. Siempre estoy a la altura del azar; yo tengo que estar desprevenido para ser señor de mí. Cualquiera que sea el instrumento, y esté tan desafinado como sólo el instrumento "hombre" puede llegar a estarlo – yo tendría que estar enfermo si no me fuera posible lograr extraer de él algo digno de ser escuchado. Y cuantas veces he oído esto de los "instrumentos" mismos, que ellos nunca se habrían oído a sí **de ese modo**... Lo más bello quizá lo he oido de aquel Heinrich von Stein[20], muerto imperdonablemente joven, quien una vez, después de pedir cuidadosamente permiso, apareció por tres días en Sils-Maria explicando a todos que él **no** venía por la Engadina. Este hombre distinguido que con toda la impetuosa simplicidad de un *Junker*[21] prusiano se había sumergido en la ciénaga Wagneriana (–¡y además también en la de Dühring!)[22], quedó como transformado, aquellos tres días, por una borrasca de libertad, semejante a uno que repentinamente es elevado a **su** altura y recibe alas. Yo siempre le decía que esto lo hacía el buen aire aquí arriba, así le iba a todos, no se está en vano a 6000 pies por encima de Bayreuth[23], pero él no me lo quería creer... Si a pesar de ello se me han cometido algunas pequeñas y grandes fechorías, no fue "la voluntad", menos aún la **mala** voluntad, la razón de ello: antes ya debería quejarme –recién lo he insinuado– de la buena voluntad, que ha ocasionado en mi vida desorden nada pequeño. Mis experiencias me dan derecho a desconfiar sobre todo con respecto de los así llamados impulsos "desinteresados", de todo "amor al prójimo" siempre dispuesto a consejo, a intervención. Lo considero en sí como debilidad, como caso particular de incapacidad de resistencia ante estímulos, – el **compadecer** se llama virtud sólo en *décadents*. Yo reprocho a los compasivos la facilidad con que pierden el pudor, el respeto, la delicadeza ante distancias, que la compasión huele pronto a plebe y se asemeja a malos modales hasta intercambiarse con ellos, – que manos compasivas, eventualmente, puedan intervenir directamente destructora en un gran destino, en un aislamiento bajo heridas, en una **prerrogativa** a culpa grave. Yo cuento entre las virtudes **distinguidas** a la superación de la compasión: he compuesto un caso como

"La tentación de Zarathustra"[24], en donde le llega un gran grito de socorro, donde la compasión le asalta como un último pecado y le quiere hacer escamotear a sí mismo. Permanecer señor aquí, mantener aquí pura la altura de la propia tarea frente a los mucho más bajos y más miopes impulsos, que actúan en las así llamadas acciones desinteresadas, ésta es la prueba, quizá la última prueba que un Zarathustra tiene que rendir – su propia **demostración** de fuerza...

5.

Aún en otro punto soy también, una vez más, meramente mi padre y al mismo tiempo su continuidad de vida tras una muerte demasiado temprana. Igual a todo aquel que nunca ha vivido entre sus iguales y a quien el concepto "desquite" le es tan inaccesible como por ejemplo el concepto "igualdad de derechos", en los casos en que se comete conmigo una pequeña o **muy grande** estupidez, me prohíbo toda contramedida, toda medida de protección, – obviamente también toda defensa, toda "justificación". Mi modo de desquitar consiste en remitir a la necedad, tan pronto como posible, algo inteligente: quizá así se la pueda alcanzar aún. Dicho en parábola: yo envío un tarro de confites para desligarme de una historia **agria**... Sólo basta que se me haga algo malo, yo lo "desquito", de eso se esté seguro: pronto encuentro una ocasión para expresar mi gratitud al "malhechor" (incluso también por la fechoría) – o para **pedirle** algo, que puede ser más comprometedor que dar algo... También me parece que la palabra más grosera, la carta más grosera, son más *honnetter*[25] que el callar. Aquellos que callan les falta casi siempre finura y nobleza del corazón; callar es una objeción, tragarse las cosas produce necesariamente un mal carácter, – asimismo estropea el estómago. Todos los que callan son dispépticos. – Como se ve, no quiero que se subestime la grosería, ello es por lejos la forma más **humana** de la contradicción y, en medio de la molicie moderna, una de nuestras primeras virtudes. Cuando se es lo suficientemente rico para ello, es asimismo una suerte el no estar en lo justo. Un Dios que viniera a la Tierra no debería **hacer** ninguna otra cosa que injusticia, – no el castigo, sino cargar sobre sí la **culpa** sería divino.

6.

El estar libre de resentimiento, el estar esclarecido sobre el resentimiento – ¡quién sabe cuánto, en definitiva, estoy obligado a agradecer en esto a mi larga enfermedad! El problema no es justamente sencillo: hay que haberlo vivido desde la fuerza y desde la debilidad. Si hay algo que objetar sobre todo contra el estar enfermo o contra el estar débil, esto es que en él se ablanda en el hombre el auténtico instinto de salud, es decir, el **instinto de defensa y de armas**. Uno no sabe desligarse de nada, uno no sabe acabar con nada, uno no sabe rechazar nada – todo hiere. Hombre y cosa se acercan importunamente, las vivencias aciertan muy hondo, el recuerdo es una herida purulenta.

El mismo estar enfermo **es** un modo de resentimiento. – Contra esto el enfermo sólo tiene un gran remedio – yo lo llamo **fatalismo ruso**, aquel fatalismo sin revuelta con el que un soldado ruso, a quien la campaña se hace demasiado dura, acaba por tenderse en la nieve. Sobre todo no aceptar más nada, no tomar nada, incorporar **en** sí mismo, – sobre todo no reaccionar más. – La gran razón de este fatalismo, que no siempre es sólo el coraje para la muerte, como conservador de vida bajo las condiciones de mayor peligro de vida, es la disminución del metabolismo, su desaceleración, una especie de voluntad de hibernación. Unos cuantos pasos más en esta lógica y se tiene al faquir que duerme durante semanas en una tumba... Porque uno se desgastaría demasiado rápido **si** reaccionase, uno ya no reacciona más: ésta es la lógica. Y con nada se consume uno mas rápido que con los afectos del resentimiento. El enojo, la enfermiza vulnerabilidad, la impotencia de venganza, el placer, la sed de venganza, el mezclar venenos en cualquier sentido – esto es para extenuados seguramente el modo más perjudicial de reaccionar: el rápido consumo de fuerza nerviosa, una enfermiza escalada de secreciones nocivas, por ejemplo, la bilis en el estómago depende de esto. El resentimiento es lo prohibido **en sí** para los enfermos – **su** mal: desgraciadamente también su inclinación más natural. – Esto lo comprendió aquel profundo fisiólogo Buda. Su "religión", que mejor podríamos asignar como una **higiene**, para no mezclarla con cosas tan dignas de lástima como lo es el cristianismo, hacía depender su eficacia de la victoria sobre el resentimiento: liberar el alma **de él**: primer paso para curarse. "No por enemistad se pone fin a la enemistad, por amistad llega la enemistad a un fin": esto está puesto al comienzo de la enseñanza de Buda – así **no** habla la moral, así habla la fisiología. – El resentimiento nacido de la debilidad a nadie causa más daño que al mismo débil, – en otro caso, donde el supuesto es una rica naturaleza, es un sentimiento **superfluo**, un sentimiento sobre el cual permanecer señor es casi una demostración de la riqueza. Quien conoce la seriedad con la que mi filosofía se ha levantado en lucha contra los sentimientos de venganza y de rencor, hasta en la doctrina del "libre albedrío" –la lucha con el cristianismo es sólo un caso particular de ello– entenderá por qué yo pongo justo aquí a la luz mi comportamiento personal, mi **seguridad-instintiva** en la praxis. En los tiempos de la *décadence* me los prohibí como perjudiciales; tan pronto la vida volvió a ser suficientemente rica y orgullosa para ello, me lo prohibí por estar **debajo** de mí. Aquel "fatalismo ruso", del cual hablé, se presentó en mí en el hecho de que durante años me aferré tenazmente a insoportables situaciones, lugares, viviendas, companías, después que habían sido dadas por azar, – era mejor que modificarlas, que **sentirlas** modificables, – que rebelarse contra ellas... Molestarme en ese fatalismo, despertarme violentamente, lo tomaba entonces mortalmente a mal: – en verdad esto era también cada vez mortalmente peligroso. – Tomarse a sí mismo como un *fatum*[26], no quererse "distinto" – esto es en tales situaciones la **gran razón** misma.

7.

Otra cosa es la guerra. Yo por naturaleza soy guerrero. Agredir forma parte de mis instintos. **Poder** ser enemigo, ser enemigo – esto quizá presupone una naturaleza fuerte, en cualquier caso es condición en toda naturaleza fuerte. Ella necesita oposiciones, en consecuencia ella **busca** oposiciones: el *pathos* **agresivo** pertenece a la fuerza así como el sentimiento de venganza y rencor pertenece a la debilidad. La mujer, por ejemplo, es vengativa: esto está condicionado por su debilidad, tanto como su irritabilidad por la necesidad ajena.– La fuerza del agresor tiene en la adversidad, que él necesita, una especie de **medida**: todo crecimiento se delata en la búsqueda de un más poderoso adversario – o problema: pues un filósofo que es guerrero, también desafía a duelo a los problemas. La tarea **no** consiste en convertirse en señor sobre oposiciones en general, sino sobre aquellas ante las cuales hay que aplicar toda la fuerza propia, agilidad y maestría con las armas, – sobre adversarios **iguales**... Igualdad ante los enemigos – primer presupuesto para un duelo **recto**. Donde se desprecia no se **puede** hacer una guerra; donde se manda, donde se ve algo **debajo** de sí, no **hay** que hacer guerra.– Mi *praxis* de guerra puede formularse en cuatro frases. Primero: sólo ataco cosas que triunfan, – yo espero, según las circunstancias, hasta que triunfen. Segundo: yo sólo ataco cosas donde no voy a encontrar aliados, donde estoy solo, – donde me comprometo yo solo... Yo nunca he dado un paso público que no comprometiera: este es **mi** criterio del recto obrar. Tercero: yo nunca ataco personas, – yo me sirvo de la persona sólo como una potente lente de aumento con la cual se puede hacer visible una emergencia general, pero furtiva y poco aprehensible. Así ataqué a David Strauss[27], más exactamente al **éxito** de un libro decrépito en la "formación cultural"[28] alemana, – yo sorprendí a esa formación cultural en el delito... Así ataqué a Wagner, mas exactamente la falsedad, al instinto de mediocridad de nuestra "cultura", que confunde a los refinados con los ricos, y a los tardíos con los grandes. Cuarto: yo sólo ataco cosas donde toda diferencia personal está excluida, donde falta todo transfondo de malas experiencias. Por lo contrario, atacar es en mí una prueba de benevolencia, bajo circunstancias de agradecimiento. Yo honro, yo distingo con esto, en que vinculo mi nombre con el de una cosa, una persona: a favor o en contra – para mí esto es igual aquí. Si yo hago la guerra al cristianismo, ello me está permitido porque de este lado yo no he experimentado fatalidades ni inhibiciones, – los cristianos más serios siempre han sido benévolos conmigo. Yo mismo, un adversario *de rigueur*[29] del cristianismo, estoy lejos de guardar rencor al individuo por lo que es la fatalidad de milenios.

8.

¿Puedo todavía atreverme a señalar un último rasgo de mi naturaleza, el que en el trato con los hombres me ocasiona una dificultad nada pequeña? Me es propia una irritabilidad del instinto de pureza completamente inquietante, de tal manera que percibo –**huelo**– fisiológicamente la cercanía o –¿qué digo?– lo más interno, las "entrañas" de cada alma... Yo tengo, con esta irritabilidad, antenas psicológicas, con las cuales palpo cualquier secreto y lo recibo en la mano: ya casi en el primer contacto se me hace conciente la, para muchos, suciedad **oculta** en el fondo de algunas naturalezas, quizá condicionada en la mala sangre, pero disimulada por educación. Si he observado correctamente, tales naturalezas insoportables a mi pureza perciben también por su lado la previsión de mi asco: no por ello pasan a oler mejor... Tal como yo siempre me he habituado –una extrema limpieza para conmigo es el presupuesto de mi existir, yo fallezco bajo condiciones impuras–, nado y me baño y chapoteo de continuo en el agua, en cualquier elemento completamente transparente y brillante. Esto hace del trato con los hombres una prueba de paciencia nada pequeña; mi humanitarismo **no** consiste en sentir con los demás como es el hombre, sino en **soportar** que yo le siento... Mi humanitarismo es una permanente autosuperación. – Pero yo tengo necesidad de **soledad**, quiero decir, de convalecencia, de regreso hacia mí, de respirar un aire libre, liviano y juguetón... Todo mi *Zarathustra* es un ditirambo a la soledad, o, si se me ha entendido, a la **pureza**... Por suerte no a la **estupidez pura**. – Quien tenga ojos para colores le va a llamar diamante. – El **asco** hacia el hombre, a la "chusma", siempre fue mi mayor peligro... ¿Se quieren escuchar las palabras, con las que Zarathustra habla de la **redención** del asco?

¿Pues, qué me ocurrió? ¿Cómo me redimí del asco? ¿Quién rejuveneció mi ojo? ¿Cómo volé a las alturas, donde ya ninguna chusma se sienta junto al pozo?

¿Mi propio asco me creó alas y fuerzas que presienten las

fuentes? ¡En verdad, a lo más alto tuve que volar para volver a encontrar la fuente del placer!–

¡Oh, yo la encontré, mis hermanos! ¡Aquí, en lo más alto, brota para mí la fuente del placer! ¡Y hay una vida de la cual ninguna chusma bebe con uno!

¡Casi demasiado impetuosa me es tu corriente, manantial de placer! Y a menudo vuelves a vaciar el vaso por querer llenarlo.

Y aún debo aprender a acercarme a ti con mayor modestia: demasiado impetuoso corre aún mi corazón a tu encuentro:

– mi corazón, sobre el que arde mi verano, el breve, caliente, melancólico, sobrebienaventurado: ¡cómo anhela mi corazón estival tu frescura!

¡Pasó la vacilante tribulación de mi primavera! ¡Pasaron los copos de nieve de mi maldad en junio! En verano me convertí todo, y en mediodía de verano, –

– un verano en lo más alto con manantiales fríos y silencio bienaventurado: ¡oh, vengan mis amigos, que el silencio sea aún más bienaventurado!

Pues ésta es nuestra *altura y nuestra patria: demasiado alto y empinado vivimos aquí para todos los impuros y su sed.*

¡Lancen ustedes nomás sus ojos puros en la fuente de mi placer, amigos! ¿Cómo podría volverse turbia por ello? Les debe reír en respuesta con su *pureza.*

Sobre el árbol futuro construiremos nosotros nuestro nido; ¡Águilas deben traernos alimento en sus picos a nosotros los solitarios!

¡En verdad no son alimentos de los cuales puedan comer los impuros! Fuego creerían devorar y se quemarían los hocicos.

¡En verdad, no tenemos preparadas aquí moradas para impuros! ¡Nuestra felicidad significaría una caverna de hielo para

sus cuerpos y sus espíritus!

Y como fuertes vientos queremos vivir sobre ellos, vecinos de los águilas, vecinos de la nieve, vecinos del sol: así viven los fuertes vientos.

E igual a un viento quiero soplar yo alguna vez todavía entre ellos, y con mi espíritu cortar el aliento de su espíritu: así lo quiere mi futuro.

En verdad, un fuerte viento es Zarathustra para todas las hondonadas: y tal consejo aconseja él a sus enemigos y a todo lo que escupe y vomita: ¡guárdense ustedes, de escupir contra *el viento!...*[30]

Por qué soy tan inteligente[31]

1.

– ¿Por qué sé yo algo **más**? ¿Por qué soy yo sobre todo tan inteligente? Yo nunca he reflexionado sobre preguntas que no lo son, – no me he desperdiciado. – Yo no conozco por experiencia, por ejemplo, dificultades propiamente **religiosas**. Se me ha escapado completamente hasta que punto debía yo ser "pecador". Asimismo me falta un criterio confiable para lo que es un remordimiento de conciencia: a partir de lo que sobre él se **oye**, un remordimiento de conciencia no me parece nada respetable... Yo no quiero abandonar **posteriormente** una acción, preferiría dejar totalmente apartadas de la cuestión del valor el mal desenlace, las **consecuencias**. Con el mal desenlace se pierde demasiado fácilmente la visión **correcta** para aquello que se hizo: un remordimiento de conciencia me parece una especie de "**mal** de ojo". Honrar tanto más en uno mismo algo que ha fallado **porque** ha fallado – esto pertenece, antes bien, a mi moral. – "Dios", "inmortalidad del alma", "redención", "más allá", todos conceptos a los cuales no he dado ninguna atención, tampoco ningún tiempo, ni siquiera de niño. –¿quizá nunca fui suficientemente infantil para ello?–. De ningún modo conozco el ateísmo como resultado, menos aún como acontecimiento: en mí se lo entiende por instinto. Yo soy demasiado curioso, demasiado **cuestionable**, demasiado petulante, para dejar que me agrade una burda respuesta. Dios es una respuesta burda, una falta de delicadeza contra nosotros, los pensadores –, en el fondo incluso una llana **prohibición** a nosotros: ¡Ustedes no deben pensar!... De manera muy distinta me interesa una pregunta de la cual depende mucho más "la salvación de la humanidad" que de cualquier curiosidad de teólogos: la pregunta por la **alimentación**. Se la puede formular, para su uso práctico, así: "¿cómo has de alimentarte justamente **tú** para alcanzar tu máximo de fuerza, de *virtù*[32] al estilo del renacimiento, de virtud libre de moralina? – Mis experiencias son aquí las peores posibles; yo estoy asombrado de haber escuchado esta pregunta tan tarde, de haber aprendido "razón" tan tarde de estas experiencias. Sólo la completa infamia de nuestra formación cultural alemana –su "idealismo"– me explica en cierta medida por qué justo aquí yo he estado atrasado hasta la santidad. Esta "formación cultural", la que de entrada enseña a perder de vista las **realidades** para ir a la caza de metas así llamadas "ideales", del todo problemáticas, por ejemplo de la "formación cultural clásica": – ¡como si de antemano no estuviera condenado el unificar "clásico" y "alemán" en un mismo concepto! Más aún, esto resulta divertido, – ¡imagínese uno una vez a un ciudadano de Leipzig con "formación cultural clásica"! – De hecho, hasta en mis años más maduros siempre he comido sólo **mal**, – expresado moralmente "impersonal", "desinteresado", "altruista", a la salud de los cocineros y otros co-cristianos.

Yo negué, por ejemplo, muy seriamente mi "voluntad de vida" a causa de la cocina de Leipzig, al mismo tiempo con mi primer estudio de Schopenhauer (1865). Con el fin de una alimentación insuficiente, estropearse también el estómago – este problema me pareció resolver maravillosamente la citada cocina. (Se dice que el año 1866 ha dado un giro al respecto - .) Pero la cocina alemana sobre todo – ¡qué no tiene todo sobre la conciencia! La sopa **antes** de la comida (en libros de cocina venecianos del siglo 16 aún llamada *alla tedesca*[33]); las carnes demasiado hervidas, las verduras hechas en grasa y harina, ¡la degeneración de los budines a pisapapeles! Súmese además la directamente bestial necesidad de los viejos, y de ningún modo solo **viejos** alemanes, de volver a llenar la copa, así se entiende también la procedencia del **espíritu alemán** – de turbadas entrañas... El espíritu alemán es una indigestión, él no da fin a nada. – Pero también la dieta **inglesa** que, en comparación con la alemana, incluso la francesa, es una especie de "vuelta a la naturaleza", es decir, al canibalismo, contraría profundamente mi propio instinto, me parece que le da pies **pesados** al espíritu – pies de inglesas... La mejor cocina es la del **Piamonte**. – Los alcoholes me resultan perjudiciales, un vaso de vino o cerveza en el día alcanza totalmente para hacer de mi vida un "valle de lágrimas", – en Munich viven mis antípodas. Puesto que yo he comprendido esto un poco tarde, lo he **vivido** propiamente desde la infancia. De niño yo creía que tanto tomar vino como fumar tabaco eran sólo una *vanitas*[34] de hombres jóvenes, más tarde una mala habituación. Quizá el vino de Naumburgo también tenga parte de culpa en este **acerbo** juicio.

Para creer que el vino **alegra** yo tendría que ser cristiano, quiero decir, creer lo que para mí es directamente una absurdidad. Bastante extraño, mientras que por pequeñas y fuertemente diluídas dosis de alcohol llego a extrema destemplanza, yo me convierto casi en un marinero cuando se trata de **fuertes** dosis. Ya de niño tenía yo en esto mi valentía. Escribir una larga disertación en una noche de vigilia e incluso transcribirla en limpio, con la ambición en la pluma de imitar en rigor y concisión a mi modelo Salustio, y verter sobre mi latín algo de *Grog*[35] del mayor calibre, esto ya no estaba, cuando yo era alumno de la venerable Escuela de Pforta[36], de ningún modo en contradicción con mi fisiología, quizá tampoco con la de Salustio – como siempre, desde luego, con la venerable Escuela de Pforta... Más tarde, hacia la mitad de mi vida, yo me decidí claramente, siempre con más rigor, **contra** cualquier bebida "espirituosa": yo, por experiencia un enemigo del vegetarianismo, totalmente como Richard Wagner, que me convirtió, no se aconsejar con bastante seriedad la incondicional abstención de alcoholes a todas las naturalezas **más espirituales**. El **agua** lo hace... Yo prefiero lugares donde por todas partes se tiene la posibilidad de tomar agua de fuentes que fluyan (Niza, Turín, Sils); un pequeño vaso me sigue como un perro. *In vino veritas*[37]: parece que también aquí estoy en desacuerdo con todo el mundo sobre el concepto de "verdad": – en mí el espíritu flota sobre el **agua**... Algunas indicaciones todavía de mi moral. Una comida fuerte es más fácil de digerir que una demasiado pequeña. Que el estómago entre en actividad como un todo es el primer presupuesto de una buena digestión. Uno debe **conocer** el tamaño de su estómago. Por el mismo motivo hay que desaconsejar aquellas largas comidas, que yo llamo banquetes sacrificiales ininterrumpidos, esas en la *table d' hôte*.[38] – Nada entre comidas, ningún café: café oscurece. El té sólo es conveniente por la mañana. Poco, pero enérgico; el **té** es muy perjudicial y enferma el día entero cuando es en un grado muy flojo. Cada uno tiene aquí su medida, con frecuencia entre los límites más estrechos y delicados. En un clima muy *agaçante*[39] el té es desaconsejable para comenzar; se debe dejar hacer el comienzo una hora antes a una taza de espeso y desgrasado cacao. – Estar lo menos posible **sentado**; no dar fe a ningún pensamiento que no haya nacido en lo libre y con libre movimiento, – en el cual no festejen también los músculos una fiesta. Todos los prejuicios vienen de las entrañas. – La carne sedentaria –yo lo dije una vez– es el más propio **pecado** contra el espíritu santo. –

2.

Con la cuestión de la alimentación se emparenta de cerca la cuestión por el **lugar** y el **clima**. A nadie le es libre vivir en todos lados; y quien ha de resolver grandes tareas, que exigen toda su fuerza, tiene aquí incluso una estrecha elección. La influencia climática sobre el **metabolismo**, su retardación, su aceleración, va tan lejos que un desacierto en el lugar y el clima no sólo puede alejar a alguien de su tarea, sino sobre todo sustraérsela: no consigue verla jamás. El *vigor*[40] animal no ha llegado a ser nunca suficientemente grande en él para que sea alcanzado aquella libertad desbordante hasta lo más espiritual, en la que alguien reconoce: **esto** lo puedo yo solo... Una inercia intestinal aún bastante pequeña convertida en mal hábito alcanza completamente para hacer de un genio algo mediocre, algo "alemán"; el clima alemán solo ya alcanza para desanimar entrañas de tendencia fuerte e incluso heroica. El *tempo* del metabolismo está en una relación exacta a la movilidad o paralización de los **pies** del espíritu; si el "espíritu" mismo es sólo una especie de ese metabolismo. Agrúpense los lugares en donde hubo y hay hombres ricos de espíritu, donde la gracia, el refinamiento, la maldad pertenecían a la felicidad, donde el genio tuvo su hogar casi necesariamente: todos ellos tienen un destacado aire seco. París, la *Provenze*, Florencia, Jerusalén, Atenas – estos nombres prueban algo: el genio está **condicionado** por el aire seco, por el cielo puro, – es decir, por un metabolismo rápido, por la posibilidad de aprovisionarse siempre de vuelta grandes, incluso inmensas cantidades de fuerza. Tengo un caso ante mis ojos en que un espíritu de disposición notable y libre se convirtió, por carencia de finura de instinto en lo climático, en estrecho, escondido, especialista y avinagrado. Y yo mismo podría haberme convertido finalmente en este caso, supuesto que la enfermedad no me hubiera obligado a la razón, a reflexionar sobre la razón en la realidad. Ahora que, tras prolongada ejercitación, leo en mí cual finísimo y confiable instrumento los efectos de origen climático y meteorológico, y que ya en un breve viaje, como de Turín a Milán, calculo fisiológicamente en mí el cambio en el grado de humedad en el aire, pienso con espanto en el **fatídico** hecho de que mi vida, exceptuando los últimos 10 años, los años vitalmente peligrosos, ha transcurrido siempre sólo en lugares equivocados y directamente **prohibidos** para mí. Naumburgo, Schulpforta, Turingia sobre todo, Leipzig, Basilea – otros tantos lugares desafortunados para mi fisiología. Si yo en general no tengo de toda mi infancia y juventud ningún recuerdo bienvenido, así sería una estupidez alegar aquí las así llamadas causas "morales", – por ejemplo la indiscutible carencia de compañía **suficiente**: pues esa carencia persiste hoy como persistió siempre, sin que ella me impidiera ser jovial y valiente. Sino que la ignorancia *in physiologicis*[41] –el maldito "idealismo"– es propiamente la fatalidad en mi vida, lo superfluo y tonto en ello, algo de lo cual no creció nada bueno, para lo cual no hay ninguna compensación, ningún contra cálculo. De las consecuencias de este "idealismo" yo me explico todos los desaciertos, todas las grandes aberraciones del instinto y "modestias" al margen de la **tarea** de mi vida, por ejemplo, que yo me hiciera filólogo – ¿por qué no al menos médico o sino cualquier otra cosa que abra los ojos? En mi tiempo de Basilea, toda mi dieta espiritual, incluida la distribución del día, fue un desperdicio completamente insensato de fuerzas extraordinarias, sin que se cubriera el consumo con alguna manera de aprovisionamiento de fuerzas, sin siquiera una reflexión sobre consumo y sustitución. Faltaba todo más fino sentido de sí mismo, toda **protección** de un instinto imperioso, era un equipararse a cualquiera, un "desinterés", un olvidar la propia distancia, – algo que no me perdonaré nunca. Cuando yo estaba casi al final, **porque** estaba casi al final, comencé a reflexionar sobre esta fundamental sinrazón de mi vida – el "idealismo". La **enfermedad** me puso primero en razón. –

3.

La elección en la alimentación; la elección de clima y lugar; – lo tercero, en lo que bajo ningún precio puede uno cometer un desacierto, es la elección de su **propio** modo de **recrearse**. También aquí, según el grado en que un espíritu es *sui generis*[42], los límites de lo permitido, es decir, de lo **útil**, son estrechos y más estrechos. En mi caso, toda **lectura** forma parte de mis recreaciones: en consecuencia de todo aquello que me desata a mí de mí, que me deja ir a pasear en extrañas ciencias y almas, – lo que yo no tomo en serio. Leer me recupera justamente de **mi** seriedad. En tiempos de profundo trabajo no se ven ningunos libros junto a mí: me guardaría de dejar hablar o pensar a alguien cerca de mí y esto significaría, pues, leer... ¿Se ha observado propiamente, que en aquella profunda tensión a la que el embarazo condena al espíritu, y en el fondo al organismo entero, el azar, cualquier tipo de irritación desde afuera influye demasiado vehemente, "golpea" demasiado profundo? Uno debe apartarse lo más posible del camino del azar y la irritación desde afuera; una especie de enmurallamiento de sí mismo forma parte de las primeras astucias instintivas del embarazo espiritual. ¿Voy a permitir que un pensamiento **extraño** escale secretamente sobre la pared? – Y esto significaría, pues, leer... A los tiempos de trabajo y fecundidad sigue el tiempo de recuperación: ¡hacia aquí con ustedes, libros agradables, ingeniosos, evitados! Van a ser libros alemanes?... Yo tengo que retroceder medio año para que me sorprenda con un libro en la mano. ¿Cuál era pues? – Un destacado estudio de Victor Brochard, *Les Sceptiques Grecs*[43], en el que también son bien utilizados mis *Laertiana*[44]. ¡Los escépticos, el único tipo **honorable** entre el pueblo de doble hasta quíntuple sentido de los filósofos!... Sino, casi siempre tomo mi refugio en los mismos libros, un pequeño número en el fondo, libros que han **demostrado** ser precisamente para mí. Acaso no esté en mi tipo leer mucho y variado: una sala de lectura me enferma. Tampoco está en mi tipo, amar mucho y variado. Cuidado, incluso hostilidad contra nuevos libros pertenece ya a mis instintos, antes que "tolerancia", "*largeur du coeur*"[45] y otro "amor al prójimo"... En el fondo es a un pequeño número de antiguos franceses hacia los que yo siempre vuelvo a retornar: yo sólo creo en la formación cultural francesa y, todo lo demás que en Europa se llama "formación cultural", lo considero un malentendido, ni que hablar de la formación cultural alemana... Los pocos casos de formación cultural elevada que yo encontré en Alemania eran todos de procedencia francesa, ante todo la señora Cosima Wagner, por lejos la primera voz en cuestiones de gusto, que yo he oído... Que yo no lea a Pascal, sino que lo **ame** como a la más instructiva víctima del cristianismo, asesinado lentamente, primero corporalmente, luego psicológicamente, con toda la lógica de ésta la más horrorosa forma de crueldad inhumana; que yo tenga en mi espíritu, ¿quién sabe?, quizá también en el cuerpo algo de la petulancia de Montaigne; que mi gusto de artista no defienda sin rabia los nombres de Molière, Corneille y Racine contra un genio salvaje como Shakespeare: esto no excluye finalmente que también los franceses mas recientes sean para mí una compañía encantadora. No alcanzo a ver en absoluto en qué siglo de la historia se podría pescar conjuntamente tan curiosos y al mismo tiempo delicados psicólogos, como en el actual París: yo menciono a modo de intento –pues su número no es pequeño– a los señores Paul Bourget, Pierre Loti, Gyp, Meilhac, Anatole France, Jules Lemaître, o para destacar a uno de la raza fuerte, un auténtico latino, al que soy especialmente afecto, Guy de Maupassant. Dicho entre nosotros, yo prefiero **esta** generación, incluso sus grandes maestros, que están todos corrompidos por la filosofía alemana: el señor Taine, por ejemplo, por Hegel, al que debe la comprensión equivocada de grandes hombres y épocas. Tan lejos llega Alemania, **corrompe** la cultura. Recién la guerra ha "redimido" el espíritu en Francia... Stendhal, uno de los más bellos azares de mi vida –pues todo lo que en ella hace época me lo ha traído el azar, nunca una recomendación– es totalmente inestimable con su anticipado ojo de psicólogo, con su garra para los hechos, que recuerda la cercanía del realista más grande (*ex ungue Napoleonem* –)[46]; finalmente, y no es lo de menos, como **honrado** ateo, una *species* escasa y casi inhallable en Francia, – en honor a Prosper Mérimée... ¿Quizá estoy yo mismo envidioso de Stendhal? Él me ha quitado el mejor chiste de ateo que justamente yo habría podido hacer: "la única disculpa de Dios es que no existe"... Yo mismo he dicho en algún lado: cuál ha sido la mayor objeción contra la existencia hasta ahora? **Dios**...

4.

El concepto supremo del lírico me lo ha dado **Heinrich Heine**. Yo busco en vano en todos los reinos de los milenios una música igualmente dulce y apasionada. Él poseía aquella maldad divina, sin la cual no soy capaz de pensarme lo perfecto, – yo estimo el valor de los hombres, de las razas, según la necesidad con que no saben entender a Dios separado del sátiro.– ¡Y cómo maneja el alemán! Se dirá alguna vez que Heine y yo hemos sido, por lejos, los primeros artistas de la lengua alemana – a una incalculable distancia de todo lo que meros alemanes han hecho con ella. – Con el *Manfredo* de **Byron** debo estar profundamente emparentado: he encontrado todos esos abismos en mí, – con trece años estuve maduro para esa obra. No tengo ninguna palabra, simplemente una mirada para aquellos que en presencia del *Manfredo* se atreven a pronunciar la palabra *Fausto*. Los alemanes son **incapaces** de todo concepto de grandeza: prueba, Schumann. Yo propiamente he compuesto, por rabia contra este almibarado sajón, una contraobertura para el *Manfredo*[47], de la cual Hans von Bülow dijo que no ha visto jamás algo igual en papel pautado: que era un estupro de Euterpe[48]. Cuando busco mi fórmula suprema para **Shakespeare**, siempre encuentro tan solo que él ha concebido el tipo de César. Algo igual no se adivina, – se es o no se es. El gran poeta crea **solamente** desde su realidad – hasta el grado que después él ya no soporta su obra... Cuando he echado una mirada a mi

Zarathustra, camino media hora en mi pieza de aquí para allá, incapaz de dominar un insoportable combate de sollozos. – Yo no conozco una lectura más desgarradora que Shakespeare: ¡cuánto tiene que haber sufrido un hombre para necesitar de tal modo ser un bufón! – ¿Se **entiende** el Hamlet? No lo dudo, la **certeza** es lo que vuelve loco... Pero para eso hay que ser profundo, abismo, filósofo, para sentir así... Nosotros todos **tememos** ante la verdad... y lo confieso: estoy instintivamente seguro y cierto de que Lord Bacon es el autor, el auto torturador de ésta, la más siniestra especie de literatura: ¿qué **me** importa el lastimoso parloteo de las confusas y planas cabezas americanas? Pero la fuerza para la más poderosa realidad de visión no sólo es compatible con la más poderosa fuerza para la acción, para lo monstruoso de la acción, para el crimen – **ella misma lo presupone**... No conocemos ni por lejos lo suficiente de Lord Bacon, el primer realista en cada gran sentido de la palabra, para saber todo **lo que** él ha hecho, **lo que** ha querido él, **lo que** ha vivenciado él consigo... Y ¡al diablo, mis señores críticos! Suponiendo que yo hubiera bautizado mi *Zarathustra* con un nombre foráneo, por ejemplo con el de Richard Wagner, la sagacidad de dos milenios no habría alcanzado para adivinar que el autor de *Humano, demasiado humano* es el visionario del *Zarathustra*...

5.

Aquí, donde hablo de las recreaciones de mi vida, tengo necesidad de una palabra para expresar mi agradecimiento por aquello que, por lejos, me ha recreado más profunda y cordialmente. Esto ha sido, sin ninguna duda, el trato íntimo con Richard Wagner. Dejo baratas el resto de mis relaciones humanas ¡bajo ningún precio quiero desechar de mi vida los días de Tribschen, días de confianza, de jovialidad, de sublimes casualidades – de instantes **profundos**... Yo no sé qué han vivenciado otros con Wagner: sobre nuestro cielo jamás ha pasado una nube. – Y con esto vuelvo una vez más a Francia, – no tengo fundamentos, sólo tengo de sobra una mueca despectiva contra wagnerianos *et hoc genus omne*[49], quienes creen honrar a Wagner en que lo encuentran semejante a **ellos mismos**... Así como yo soy ajeno, en mis más profundos instintos, a todo lo que es alemán, tal que la proximidad de un alemán retarda mi digestión, así fue también el primer contacto con Wagner el primer respiro en mi vida: yo lo sentí, yo lo honré como **tierra extranjera**, como contraposición, como protesta, como protesta en persona contra todas las "virtudes alemanas". – Nosotros, los que hemos sido niños en el aire cenagoso de los años cincuenta, somos necesariamente pesimistas respecto al concepto "alemán"; nosotros no podemos ser otra cosa que revolucionarios, – nosotros no vamos a admitir ningún estado de las cosas en donde **el socarrón** domine. Me es completamente indiferente si hoy actúa en otros colores, si se viste en escarlata y se pone uniformes de Húsar... ¡Pues bien! Wagner era un revolucionario – el huía ante los alemanes... Como **artista** uno no tiene patria en Europa fuera de París; la *délicatesse*[50] en todos los cinco sentidos artísticos presupuesta por el arte de Wagner, los dedos para *nuances*, la morbosidad psicológica, sólo se encuentra en París. En ningún lugar tiene uno esa pasión en cuestiones de forma, esa seriedad en la *mise en scène*[51] – es la seriedad parisina *par excellence.* En Alemania no se tiene ninguna idea de la enorme ambición que vive en el alma de un artista parisino. El alemán es bonachón – Wagner no era de ningún modo bonachón... Pero yo ya he expresado lo suficiente (en *Más allá del bien y del mal.* p.256 s.)[52] a donde pertenece Wagner, en quienes tiene él sus parientes más próximos: es el romanticismo tardío francés, aquella especie de artistas de alto vuelo y altamente arrebatadora como Delacroix, como Berlioz, con un *fond*[53] de enfermedad, de incurabilidad en su esencia, puros fanáticos de la **expresión**, virtuosos de lado a lado... ¿Quién fue sobre todo el primer seguidor **inteligente** de Wagner? Charles Baudelaire, el mismo que entendió primero a Delacroix, aquel típico *décadent*, en quien se ha reconocido una generación completa de artistas – tal vez fue él también el último... ¿Qué no he perdonado nunca a Wagner? Que él **condescendiera** con los alemanes, – que se haya convertido en alemán del *Reich*... Tan lejos llega Alemania, **corrompe** la cultura. –

6.

Sopesando todo, no hubiera soportado mi juventud sin música wagneriana. Pues yo estaba **condenado** a los alemanes. Si uno quiere lograr desprenderse de una presión insoportable, se necesita hachís. Pues bien, yo necesitaba a Wagner. Wagner es el contra veneno *par excellence* contra todo lo alemán, – veneno, yo no lo niego... Desde el instante en que hubo una partitura para piano del *Tristán* – ¡enhorabuena, señor von Bülow!–, fui wagneriano. Yo veía las obras más antiguas de Wagner por debajo de mí – demasiado vulgares aún, demasiado "alemanas"... Pero aún hoy busco por una obra con similar peligrosa fascinación, de semejante estremecedora y dulce infinitud como la del *Tristán*, – busco en vano en todas las artes. Todas las extrañezas de Leonardo da Vinci se desencantan con el primer tono del *Tristán*. Esta obra es enteramente el *non plus ultra*[54] de Wagner; el se recreó de ella con *Los Maestros Cantores* y *El Anillo*. Volverse más sano – esto es un **paso atrás** en una naturaleza como Wagner... Yo lo tomo como suerte de primer rango el haber vivido en el tiempo oportuno y el haber vivido precisamente entre alemanes, para estar **maduro** para esta obra: tan lejos llega en mi la curiosidad del psicólogo. El mundo es pobre para aquel que nunca ha estado lo suficientemente enfermo para esta "voluptuosidad del infierno": está permitido, está casi mandado emplear aquí una fórmula de místicos. – Pienso que yo conozco mejor que cualquiera lo inmenso a lo que Wagner es capaz, los cincuenta mundos de extraños encantos, hacia los cuales nadie, salvo él, ha tenido alas; y así como yo soy suficientemente fuerte para transformar en ventaja para mí incluso lo más cuestionable y peligroso, y con ello hacerme más fuerte, nombro a Wagner el gran benefactor de mi vida. Aquello, en lo cual estamos emparentados, que hemos sufrido más profundamente, también mutuamente, que hombres de este siglo serían capaces de sufrir, volverá a unir de nuevo nuestros nombres eternamente; y, tan cierto como que Wagner es entre los alemanes un mero malentendido, tan cierto lo soy yo y lo seré siempre. – ¡Dos milenios de disciplina psicológica y artística **primero**, mis señores germanos!... Pero eso no se recupera. –

7.

– Yo digo todavía una palabra para los oídos más selectos: qué quiero **yo** propiamente de la música. Que sea jovial y profunda, como una tarde de octubre. Que sea peculiar, traviesa, tierna, una pequeña y dulce mujer de perfidia y gracia... Nunca voy a conceder que un alemán **pueda** saber qué es música. Lo que se llama músicos alemanes, ante todo los más grandes, son **extranjeros**, eslavos, croatas, italianos, holandeses – o judíos; en otro caso alemanes de la raza fuerte, alemanes **extinguidos**, como Heinrich Schütz, Bach y Händel. Yo mismo aún soy lo suficientemente polaco para entregar contra Chopin el resto de la música: yo exeptúo, por tres motivos, el *Idilio de Sigfrido* de Wagner, quizá también a Liszt, que adelanta más allá de todos los músicos en los distinguidos acentos de orquesta; finalmente aún todo lo que ha crecido allende los Alpes – **más acá**... Yo no sabría prescindir de Rossini, menos aún **de mi** sur en la música, la música de mi *maestro* veneciano Pietro Gasti[55]. Y cuando yo digo allende los Alpes, digo sólo propiamente Venecia. Cuando busco otra palabra para música, encuentro siempre tan sólo la palabra Venecia. No sé hacer ninguna diferencia entre lágrimas y música, no sé pensar la felicidad, el **sur**, sin estremecimiento de temor.

Junto al puente estaba yo
recién en parda noche.
De lejos venía un canto:
doradas gotas brotaban
rodando sobre temblorosa superficie.
Góndolas, luces, música –
ebrios flotaban hacia el crepúsculo…

Mi alma, un juego de cuerdas,
se cantaba, invisiblemente conmovida,
en secreto además una canción de góndola,
temblando de multicolor felicidad.
– ¿Le escuchaba alguien?…

8.

En todo esto – en la elección de alimentos, del lugar y del clima, de recreación – domina un instinto de la autoconservación, que se expresa de la manera más inequívoca como instinto de **autodefensa**. Muchas cosas no ver, no oir, no dejar que se acerquen – primera inteligencia, primera prueba de que no se es un azar, sino una necesidad. La palabra corriente para este instinto de autodefensa es **gusto**. Su imperativo no sólo ordena decir no donde el sí sería un "desinterés", sino también decir **lo menos posible no**. Separarse, apartarse de aquello donde siempre y siempre de nuevo sería necesario decir no. La razón en esto está en que los gastos defensivos, incluso los muy pequeños, al volverse regla, costumbre, determinan un empobrecimiento extraordinario y completamente superfluo. Nuestros **grandes** gastos son los más frecuentemente pequeños. El rechazar, el no-dejar-acercarse es un gasto –no se engañe uno sobre esto–, una fuerza **dilapidada** en finalidades negativas. Uno puede, con la mera persistencia de la necesidad de defensa, volverse lo suficientemente débil, como para ya no poder defenderse más. Supongamos que yo saliese de mi casa y encontrase, en vez del tranquilo y aristocrático Turín, la pequeña ciudad alemana: mi instinto habría de bloquearse para rechazar todo aquello que en él penetra de ese mundo estereotipado y cobarde. O encontrase la gran ciudad alemana, ese vicio edificado, donde nada crece, donde cada cosa, buena o mala, es importada. ¿No debería por esto convertirme yo en un **erizo**? – Pero tener púas es un despilfarro, incluso un lujo doble, cuando queda libre no tener púas sino manos **abiertas**…

Otra inteligencia y autodefensa consiste en que se **reaccione lo menos posible** y que uno se sustraiga a situaciones y condiciones donde uno estaría condenado a exhibir, en cierto modo, su "libertad", su iniciativa y convertirse en un mero reactivo. Yo tomo como simil el trato con los libros. El erudito, que en el fondo no hace más que "manipular" libros –el filólogo de dedicación media, unos doscientos al día– pierde por último totalmente la capacidad de pensar desde sí. Si no manipulea libros, no piensa. Él **contesta** a una invitación (– un pensamiento leído), cuando piensa, – por último él sólo reacciona todavía. El erudito pone toda su fuerza en decir sí y no, en la crítica de lo ya pensado, – el mismo ya no piensa más… El instinto de autodefensa se ha reblandecido en él, en otro caso se defendería él contra los libros. El erudito – un *décadent.* – Eso lo he visto con mis propios ojos: naturalezas dotadas, de constitución rica y libre ya a los trienta años "leídas hasta la infamia", meros fósforos a los que hay que raspar para que den chispa – para que den "pensamientos". – Temprano a la mañana, con el despuntar del día, en toda la frescura, en la aurora de su fuerza, leer un **libro** - ¡a esto llamo yo depravador! – –

9.

En este punto ya no se puede eludir el dar respuesta apropiada a la pregunta de **cómo se llega a ser lo que se es**. Y así toco yo la obra maestra en el arte de la autoconservación – del **egoísmo**... Es decir, suponiendo que la tarea, la determinación, el **destino** de la tarea esté considerablemente por encima de la medida promedio, así ningún peligro sería mayor que encontrarse a sí mismo cara a cara **con** esa tarea. Que uno se convierta en lo que se es, presupone que no se barrunta ni de lejos, **qué** es uno. Desde este punto de vista tienen incluso los **desaciertos** de la vida su propio sentido y valor, los temporales caminos secundarios y los extravíos, los retardos, las "modestias", la seriedad, desperdiciadas en tareas situadas allende **la** tarea. En esto puede llegar a expresarse una gran inteligencia, incluso la más alta inteligencia: donde *nosce te ipsum*[56] sería la receta para el hundimiento, el olvidar-se, el **mal entender**-se, el achicar-se, el estrechar-se, el mediocrizar-se, se convierten en la razón misma. Expresado moralmente: amor al prójimo, vivir para otros y otras cosas **puede** ser la medida de defensa para la conservación de la más dura mismidad. Este es el caso excepcional en el que yo, contra mi regla y convicción, tomo partido por los impulsos "desinteresados": ellos trabajan aquí al servicio del **egoísmo**, de la **autodisciplina**.– Se debe mantener toda la superficie de la conciencia –la conciencia **es** una superficie– pura de cualquiera de los grandes imperativos. ¡Cuidado incluso ante cada gran palabra, ante cada gran *attitude*[57]! Puros peligros de que el instinto "se entiende" demasiado temprano – – Entretanto crece y crece en la profundidad la "Idea" organizante llamada al dominio, – ella comienza a mandar, ella guia lentamente **hacia atrás** de los caminos secundarios y los extravíos, ella prepara **singulares** cualidades y habilidades que alguna vez se demostrarán indispensables como medio para el todo, – ella instruye por turno todas las facultades **en servicio**, antes que dejar que se manifieste cualquier cosa de la tarea dominante, de la "meta", de la "finalidad", del "sentido".– Contemplado hacia este lado, mi vida es sencillamente maravillosa. Para la tarea de una **transvaloración de los valores** quizá fueron necesarias más facultades de las que jamás hayan cohabitado en un solo individuo, ante todo también contraposiciones de facultades, sin que éstas pudieran molestarse, destruirse. Jerarquía de las facultades; distancia; el arte de separar sin enemistar; no mezclar nada, no "conciliar" nada; una inmensa multiplicidad, que es, sin embargo, la contraparte del caos – esta fue la precondición, el largo trabajo secreto y el arte de mi instinto. Su más **alta protección** se mostró tan fuerte que yo en ningún caso siquiera he barruntado que crece en mí, – que todas mis capacidades, de pronto, un día **brotaron** maduras en su perfección última. Falta en mi memoria el que alguna vez yo me haya esforzado, – no es posible demostrar rasgo alguno de **lucha** en mi vida, yo soy lo contrapuesto de una naturaleza heroica. "Querer" algo, "aspirar" a algo; tener en miras una "finalidad", un "deseo" – nada de esto conozco yo por experiencia. Aún en este instante miro hacia mi futuro –¡un **vasto** futuro!– como hacia un mar liso: ninguna petición se encrespa en él. Yo no quiero en lo más mínimo que algo se vuelva distinto a lo que es; yo mismo no quiero devenir distinto. Pero así he vivido siempre. No he tenido ningún deseo. ¡Alguien, que tras sus cuarenta y cuatro años puede decir que nunca se ha esforzado por **honores**, por **mujeres**, por **dinero**! – No es que me hayan faltado... Así, por ejemplo, un día fui profesor universitario, – ni en lo más lejos había pensado en cosa semejante, pues yo tenía apenas veinticuatro años de edad. Así un día fui, dos años antes, filólogo: en el sentido de que mi **primer** trabajo filológico, mi comienzo en todo sentido, fue solicitado por mi maestro Ritschl[58] para publicarlo en su *"Rheinisches Museum"* (**Ritschl** –yo lo digo con veneración– es el único erudito genial que hasta hoy me ha sido dado conocer cara a cara. Él poseía aquella agradable corrupción que nos distingue a los de Turingia y con lo que hasta un alemán se vuelve simpático: – nosotros incluso preferimos, para llegar a la verdad, los caminos clandestinos. Yo no quisiera, con estas palabras, haber infravalorado a mi cercano paisano, el **inteligente** Leopold von Ranke[59]...)

10.

En este lugar se hace necesario una gran reflexión. Se me va a preguntar por qué yo he contado propiamente todas estas pequeñas y, según el juicio acostumbrado, indiferentes cosas; yo me perjudico a mi mismo con esto, tanto más, si estoy destinado a representar grandes tareas. Respuesta: esas pequeñas cosas –alimentación, lugar, clima, recreo, toda la casuística del egoísmo– son sobre todo concepto más importantes que todo lo que hasta ahora se ha tomado por importante. Justo aquí hay que comenzar a **reaprender**. Lo que hasta ahora la humanidad ha considerado seriamente, no son ni siquiera realidades, meras imaginaciones, dicho con más rigor, **mentiras** de los malos instintos de naturalezas enfermas, nocivas en el sentido más profundo – todos los conceptos "Dios", "alma", "virtud", "pecado", "más allá", "verdad", "vida eterna"... Pero se ha buscado en ellos la grandeza de la naturaleza humana, su "divinidad"... Todas las cuestiones de la política, del orden social, de la educación, fueron falseadas de tal modo hasta la base y fundamento, porque se ha considerado grandes hombres a los hombres más nocivos, – porque se ha enseñado a despreciar las "pequeñas" cosas, quiero decir las oportunidades fundamentales de la vida misma... Nuestra cultura actual es ambigua en el más alto grado... ¡El emperador alemán pactando con el Papa, como si no fuera el Papa el representante de la enemistad mortal contra la vida!... Lo que hoy se construye en tres años ya no está en pie. – Si yo me mido por lo que **puedo**, sin hablar de aquello que viene detrás de mi, una subversión, una construcción sin igual, así tengo yo más que cualquier mortal el derecho a la palabra grandeza. Y si yo me comparo con los hombres que hasta ahora se han honrado como **primeros** hombres, la diferencia es palpable. Yo ni siquiera incluyo a estos presuntos "primeros" entre los hombres en general, – ellos son para mí desechos de la humanidad, engendros de enfermedad y de instintos negativos: ellos no son más que funestos, en el fondo incurables monstruos que toman venganza de la vida... Yo quiero ser la contraposición a esto: mi privilegio es el tener la más alta finura para todos los signos de sanos instintos. Falta todo rasgo enfermizo en mí; mismo en tiempos de grave enfermedad yo no me volví enfermizo; es en vano que se busque en mi ser algún rasgo de fanatismo. No se podrá demostrar, de ningún instante de mi vida, alguna actitud petulante o patética. El *pathos* de la *attitude* **no** pertenece a la grandeza; quien sobre todo necesita *attituden*, es **falso**... ¡Cuidado ante todos los hombres pintorescos! – La vida se me ha vuelto liviana, y más liviana cuando pidió de mí lo más pesado. Quien me ha visto en los setenta días de este otoño, donde yo he hecho sin interrupción puras cosas de primer rango que ningún hombre hace después – o antes de mí, con una responsabilidad para todos los milenios después de mí, no habrá percibido en mí rasgo alguno de tensión, tanto más bien una frescura y jovialidad desbordante. Nunca comí con sentimientos más agradables, nunca dormí mejor. – Yo no conozco otro modo de tratar con grandes tareas que el **juego**: este es, como indicio de grandeza, un presupuesto esencial. La menor coacción, el gesto sombrío, cualquier tono duro en la garganta son todas objeciones contra un hombre, ¡Y mucho más aún contra su obra!... No se debe tener nervios... También **sufrir** la soledad es una objeción, – yo siempre he sufrido sólo por la "muchedumbre"... En un tiempo absurdamente temprano, con siete años, yo ya sabía que nunca me alcanzaría una palabra humana: ¿se me ha visto alguna vez afligido sobre esto? – Yo tengo hoy todavía la misma afabilidad para con cualquiera, yo estoy incluso lleno de distinciones para los más bajos: en todo esto no hay ni una pizca de altivez, de secreto desprecio. Aquel a **quien** yo desprecio, **adivina** que es despreciado por mi: yo escandalizo con mi mero existir todo lo que tiene mala sangre en el cuerpo... Mi fórmula para la grandeza en el hombre es *amor fati*[60]: el no querer nada distinto, ni hacia delante, ni hacia atrás, ni en toda la eternidad. No sólo soportar lo necesario –todo idealismo es mendacidad ante lo necesario–, sino **amarlo**...

Por qué escribo tan buenos libros

1.

Una cosa soy yo, otra cosa son mis escritos. – Sea tocada aquí, antes de hablar de los mismos, la cuestión del ser comprendidos o in-comprendidos de esos escritos. Yo lo hago tan negligentemente como de algún modo conviene: pues de ninguna manera ha llegado aún el tiempo de hacer esa pregunta. Tampoco es tiempo para mí mismo, algunos nacen póstumos. Algún día se tendrá la necesidad de instituciones en las que se viva y se enseñe como yo entiendo vivir y enseñar; asimismo quizá se constituyan entonces también cátedras propias para la interpretación del *Zarathustra*. Pero sería una completa contradicción conmigo mismo si yo ya esperase hoy oídos y manos para mis verdades: que hoy no se escuche, que hoy no se sepa tomar nada de mí, no sólo es comprensible, incluso me parece lo justo. Yo no quiero ser confundido, – a esto corresponde que yo no me confunda a mí mismo. – Dicho nuevamente, es poco en mi vida lo que se puede demostrar de "mala voluntad"; tampoco de "mala voluntad" literaria sabría yo apenas narrar un caso. En cambio demasiado de pura estupidez... Me parece una de las más raras distinciones que alguien se puede conceder, si él toma en sus manos un libro mío, – incluso supongo que para ello se saca los zapatos, – ni que hablar de las botas... Cuando una vez el Doctor Heinrich von Stein se quejó honestamente de no entender ni una palabra de mi *Zarathustra*, yo le dije que eso está en orden: haber entendido sus frases, esto se llama: haberlas **vivenciado**, eleva a un más alto escalón de los mortales que los hombres "modernos" podrían alcanzar. ¡Cómo **podría** yo, con **este** sentimiento de distancia, tan solo desear ser leído por los "modernos" que yo conozco! – Mi triunfo es justamente el inverso al de Schopenhauer – yo digo "*non legor, non legar*"[61]. – No es que yo quiera subestimar la diversión que me ha producido muchas veces la **inocencia** en el decir no a mis escritos. Aún en este verano, en un tiempo donde yo con mi pesada, demasiado pesada literatura, quizá podría ser capaz de desequilibrar todo el resto de la literatura, un profesor de la Universidad de Berlín benévolamente me dio a entender que yo debería servirme de otra forma: algo así no lo lee nadie. – Finalmente no fue Alemania, sino Suiza, quien suministró los dos casos extremos. Un artículo del Dr. V. Widmann en el *Bund*[62], sobre *Más allá del bien y del mal*, bajo el título "*El peligroso libro de Nietzsche*", y un informe completo sobre mis libros en general de parte del señor Karl Spitteler, asimismo en el *Bund*, son un *maximum* en mi vida – me guardo de decir de qué... El último, por ejemplo, trataba a mi *Zarathustra* como un "superior ejercicio de estilo", con el deseo de que luego quiera ocuparme pues también del contenido; el Dr. Widmann me expresaba su respeto al coraje con el que me esfuerzo por abolir todos los sentimientos decorosos. Por una pequeña perfidia del azar cada frase aquí era, con una coherencia que yo he admirado, una verdad puesta de cabeza: en el fondo uno no tenía más que "transvalorar todos los valores" para dar sobre mí de un modo incluso notable, en la cabeza del clavo – en vez de dar con un clavo en mi cabeza... Tanto más intento una explicación. – Nadie puede, en última instancia, escuchar en las cosas, incluídos los libros, más de lo que ya sabe. Para lo que no se tiene acceso desde la vivencia, para eso no se tiene oídos. Pensemos ahora un caso extremo, un libro que habla de puras vivencias que están totalmente fuera de la posibilidad de la experiencia frecuente, o también solo infrecuente, – que es el **primer** lenguaje para una nueva serie de experiencias. En ese caso sencillamente no se va a oír nada, con la ilusión acústica de que donde no se oye nada, **no hay tampoco nada**... Esta es por último mi experiencia ordinaria y, si se quiere, la **originalidad** de mi experiencia. Quien creyó haber comprendido algo de mí, se ha preparado algo de mí según su imagen, – no infrecuentemente una contraposición de mí, por ejemplo un "Idealista"; quien no había entendido nada de mí, negaba sobre todo que yo hubiera de ser tenido en cuenta. – La palabra "ultrahombre", para designar un tipo de la más elevada constitución, en contraposición a los "hombres modernos", a los hombres "buenos", a los cristianos y otros nihilistas – una palabra que en la boca de un Zarathustra, del **aniquilador** de la moral, se convierte en una palabra muy reflexiva, ha sido entendida en casi todas partes con plena inocencia, en el sentido de aquellos valores cuya contraposición fue traída a presentación en la figura de Zarathustra, quiero decir como un tipo "idealista" de una especie superior de hombre, mitad "santo", mitad "genio"... Otro ganado erudito me ha imputado, por su parte, de darwinismo; incluso se ha redescubierto ahí el por mí tan maliciosamente rechazado "culto a los héroes", de aquel gran falsario que, sin saberlo y sin quererlo, fue Carlyle[63]. Alguien a quien yo susurré al oído que debiera mirar más bien por un Cesare Borgia que por un Parsifal, no dio crédito a sus oídos. – Se me tendrá que perdonar que no sienta curiosidad alguna por las reseñas de mis libros, en especial por las de los periódicos. Mis amigos, mis editores saben eso y no me hablan de ese asunto. En un caso especial recibí de una vez, todo, cara a cara, lo que se había perpetrado contra un solo libro – era *Más allá del bien y del mal*; sobre esto podría realizar un atento informe. ¿Debería uno creer que la *Nationazeitung* –un periódico prusiano, lo digo para mis lectores extranjeros, yo mismo sólo leo, con permiso, el *Journal des Débats*– con toda seriedad ha sabido entender al libro como un "signo de los tiempos", como la auténtica correcta **filosofía de los Junker**, para la cual a la *Kreuzzeitung*[64] solo le faltaba coraje?...

2.

Esto fue dicho para los alemanes: pues sino, en todos lados tengo lectores – puras inteligencias **selectas**, caracteres probados, educados en altas posiciones y deberes; yo tengo incluso verdaderos genios entre mis lectores. En Viena, en San Petersburgo, en Estocolmo, en Copenhague, en París y en Nueva York – en todas partes estoy descubierto: yo **no** lo estoy en el país plano de Europa, Alemania... Y, lo reconozco, yo me alegro aún más de mis no lectores, aquellos que jamás han escuchado ni mi nombre ni la palabra filosofía; pero donde llego, aquí a Turín por ejemplo, se alegra y bonifica cada rostro al verme. Lo que más me ha halagado hasta ahora es que viejas vendedoras no tienen descanso hasta que no me han escogido lo más dulce de sus uvas. **Hasta tan lejos** hay que ser filósofo... No en vano se llama a los polacos los franceses entre los eslavos. Una encantadora rusa no se equivocará ni por un instante sobre a donde pertenezco. No logro ponerme solemne, a lo más que llego es a la perplejidad... Pensar en alemán, sentir en alemán – yo puedo todo, pero **esto** va más allá de mis fuerzas... Mi viejo maestro Ritschl afirmaba incluso que aún mis tratados filológicos yo los concebía como un *romancier*[65] parisino – absurdamente interesante. En París mismo están asombrados sobre "*toutes mes audaces et finesses*"[66] –la expresión es de Monsieur Taine–; yo temo que hasta en las más altas formas del ditirambo se encuentre mezclado en mí de aquella sal que nunca se vuelve necia –"alemana"–, el *esprit*[67]... Yo no puedo de otra manera. ¡Dios me ayude! Amén. – Todos nosotros sabemos, algunos incluso lo saben por apariencia, qué es un orejas largas. Pues bien, yo me atrevo a sostener que tengo las orejas más pequeñas. Esto interesa no poco a las mujercitas – , me parece ¿se sienten mejor comprendidas por mí?... Yo soy el **antiasno** *par excellence* y, con ello, un engendro en la historia universal, – yo soy, en griego, y no solo en griego, el **Anticristo**...

3.

Yo conozco en cierta medida mis privilegios como escritor; en algunos casos particulares también puedo atestiguar hasta que punto la habituación a mis escritos "corrompe" el gusto. Simplemente uno no soporta más otros libros, y menos los filosóficos. Es una distinción sin igual entrar en este mundo distinguido y delicado, – para ello no se puede ser alemán en modo alguno; finalmente es una distinción que uno tiene que haberse merecido. Pero quien me está emparentado por la **altura** del querer, vivencia en ello un verdadero éxtasis del aprender: pues yo vengo de alturas que ningún pájaro jamás ha volado, yo conozco abismos en los que aún no se ha extraviado pie alguno. Se me ha dicho que no es posible dejar de la mano un libro mío, – que yo perturbo incluso el descanso nocturno... No hay en absoluto una especie más orgullosa y al mismo tiempo refinada de libros: – ellos alcanzan aquí y allá lo más alto que puede ser alcanzado en la tierra, el cinismo; uno debe conquistárselos igualmente con los dedos más tiernos y los puños más valientes. Toda fragilidad del alma excluye de ellos, de una vez por todas, incluso la dispepsia: no hay que tener nervios, hay que tener un bajo vientre jovial. No sólo la pobreza, el aire rancio de un alma excluye de ellos, mucho más lo cobarde, lo sucio, la secreta sed de venganza en las entrañas: una palabra mía empuja todos los malos instintos a la cara. Yo tengo entre mis conocidos varios animales de experimentación en los cuales puedo apreciar la diversa, la muy instructivamente diversa reacción a mis escritos. Quien no quiere tener nada que ver con su contenido, mis así llamados amigos por ejemplo, se vuelve "impersonal": se me felicita por estar nuevamente "tan lejos", – también se daría un progreso en una mayor jovialidad del tono... Los "espíritus" completamente depravados, las "almas bellas", los mendaces de pie a cabeza, no saben en absoluto qué hacer con estos libros, – consecuentemente los ven **debajo** de sí, la bella consecuencia de todas las "almas bellas". El ganado vacuno entre mis conocidos, meros alemanes, con permiso, da a entender que no siempre se es de mi opinión, pero sí de cuando en cuando, por ejemplo... Yo he oído esto incluso sobre el *Zarathustra*... Asimismo, cualquier "feminismo" en el hombre, también en el varón, es una puerta cerrada para mí: nunca se ingresará en este laberinto de osados conocimientos. No hay que haberse protegido a sí mismo, uno debe tener la **dureza** en sus hábitos para estar de buen ánimo y jovial entre puras verdades duras. Cuando represento la imagen de un lector perfecto, siempre resulta de ello un monstruo de coraje y curiosidad, además de eso también algo flexible, astuto, previsor, un aventurero y descubridor nato. Por último: no sabría decir mejor para quien en el fondo hablo, a como lo dijo Zarathustra: **¿a quién** sólo quiere él contar su enigma?

A ustedes, los audaces buscadores, indagadores, y quien alguna vez se ha embarcado con astutas velas en terribles mares, –

a ustedes, los ebrios en enigmas, los alborozados del crepúsculo, cuyas almas son seducidas con flautas hacia todas las gargantas laberínticas:

– pues no quieren ustedes, con mano cobarde, seguir a tientas un hilo; y donde ustedes pueden **adivinar**, *ahí odian el* **colegir**...[68]

4.

A la vez yo digo aún unas palabras generales sobre mi **arte del estilo. Compartir** un estado, una tensión interna de *pathos* a través de signos, incluido el *tempo* de esos signos – ese es el sentido de todo estilo; y en consideración a que la multiplicidad de los estados internos en mí es extraordinaria, hay en mí muchas posibilidades de estilo– el más diverso arte del estilo sobre todo el que un hombre ha dispuesto jamás. **Bueno** es cualquier estilo que comparte realmente un estado interno, que no se equivoca en los signos, en el *tempo* de los signos, en los **gestos** –todas las leyes del período son arte del gesto–. Mi instinto es aquí infalible. – Buen estilo **en sí** – una **pura estupidez**, mero "idealismo", algo así como lo "bello **en sí**", como lo "bueno **en sí**", como la "cosa **en sí**"... Presuponiendo siempre aún que hay oídos – que los hay tales que sean capaces y dignos de un mismo *pathos*, que no falten aquellos con los que uno se **puede** compatir. – Por ejemplo, mi *Zarathustra* busca entretanto aún por aquellos –. ¡Ay! ¡Él tendrá que buscarlos aún por mucho tiempo! –. Uno debe tener el **valor** de oírle... Y hasta entonces no habrá nadie que comprenda el **arte** que aquí se ha prodigado: nunca más alguien ha dilapidado medios artísticos nuevos, inauditos, creados realmente por primera vez para ello. Que tal cosa era posible precisamente en lengua alemana quedaba por demostrar: yo mismo, antes, lo hubiera rechazado con la mayor dureza. No se sabe antes de mí lo que se puede hacer con la lengua alemana, – lo que se puede hacer, sobre todo, con el lenguaje. – El arte del **gran** ritmo, el **gran estilo** del período para la expresión de un inmenso subir y bajar de pasión sublime, sobrehumana, ha sido descubierta por primera vez por mí; con un ditirambo como el último del **tercer** *Zarathustra*, titulado "los siete sellos", he sobrevolado mil millas más allá de lo que hasta ahora se llamaba poesía.

5.

Que desde mis escritos habla un **psicólogo** que no tiene igual, ésta es acaso la primera conclusión a la que llega un buen lector – un lector como yo lo merezco, que me lee como los viejos buenos filólogos leían a su Horacio. Las proposiciones, sobre las que en el fondo todo el mundo está de acuerdo, ni qué hablar de los filósofos de todo el mundo, de los moralistas y otros cacharros vacíos, cabezas de col[69] – aparecen en mí como ingenuidades del desacierto: por ejemplo aquella creencia de que "no-egoísta" y "egoísta" son contraposiciones, mientras el *ego*[70] mismo es una nueva "farsa superior", un "ideal"... No hay **ni** acciones egoístas **ni** acciones no-egoístas: ambos conceptos son un contrasentido psicológico. O la proposición "el hombre aspira a la felicidad"... O la proposición "la felicidad es la recompensa de la virtud"... O la proposición "placer y displacer son contraposiciones"... La Circe[71] de la humanidad, la moral, ha falseado –**moralizado**– de pies a cabeza todo lo psicológico hasta aquel estremecedor sinsentido, de que el amor debe ser algo "no-egoísta"... Hay que estar asentado firme sobre **sí**, hay que estar valientemente parado sobre las propias dos piernas, sinó no se **puede** amar de ningún modo. Esto lo saben, en definitiva, demasiado bien las mujercitas: no saben qué diablos hacer con hombres desinteresados, meramente objetivos... ¿Puedo osar de paso la sospecha de que yo **conozco** a las mujercitas? Esto forma parte de mi dote dionisíaca. ¿Quién sabe? Quizá soy yo el primer psicólogo de lo eterno-femenino. Ellas me aman todas – una vieja historia: descontando las mujercitas **desgraciadas**, las "emancipadas", las que carecen de la materia para los niños. – Por suerte yo no tengo voluntad alguna para dejarme desgarrar: la mujer perfecta desgarra, cuando ama... Yo conozco esas amables Ménades[72]... ¡Ah, qué peligroso, rastrero, subterráneo pequeño animal de presa! ¡Y tan agradable a la vez!... Una pequeña mujer que persigue su venganza atropellaría incluso al destino mismo. – La mujer es indeciblemente mucho más malvada que el varón, también más lista; bondad en la mujer es ya una forma de **degeneración**... En todas las así llamadas "almas bellas" hay en el fondo un defecto fisiológico, – yo no digo todo, sino me volvería medi-cínico. La lucha por la **igualdad** de derechos es incluso un síntoma de enfermedad: cualquier médico lo sabe. – La mujer, cuanto más mujer es, tanto más se defiende con pies y manos contra los derechos en general: el estado natural, la eterna **guerra** entre los sexos le otorga por lejos el primer rango. – ¿Se ha tenido oídos para mi definición del amor?; es la única digna de un filósofo. Amor – en sus medios la guerra, en su fundamento el odio mortal de los sexos. – ¿Se ha escuchado mi respuesta a la pregunta sobre cómo se **cura** a una mujer – cómo se la "redime"? Se le hace un hijo. La mujer tiene necesidad de hijos, el varón es siempre sólo medio: así habló Zarathustra[73]. – "Emancipación de la mujer" – ese es el odio instintivo de las **malogradas**, es decir la mujer incapaz de parir, contra la bien constituída, – la lucha contra el "varón" es siempre sólo medio, subterfugio, táctica. Ellas quieren, al elevarse a **sí mismas** como "mujer en sí", como "mujer superior", como "idealista" de mujer, **rebajar** el nivel del rango general de la mujer; ningún medio es más seguro para ello que la formación del bachillerato, los pantalones y los derechos políticos del animal electoral. En el fondo, las emancipadas son las **anarquistas** en el mundo del "eterno femenino", las malperdidas, cuyo instinto más bajo es la venganza... Todo un género del "idealismo" más maligno –que, por lo demás, también ocurre entre los varones, por ejemplo en Henrik Ibsen, esa típica vieja solterona– tiene como meta **envenenar** la buena conciencia, la naturaleza en el amor sexual... Y para no dejar ninguna duda sobre mi *honnette* y mi estricto modo de pensar a este respecto, quiero aún compartir una proposición de mi código moral contra el **vicio**: con la palabra vicio combato yo toda clase de contranaturaleza o, si se aman las bellas palabras, de idealismo. La proposición dice: "La predicación de la castidad es una pública incitación a la contranaturaleza. Todo desprecio de la vida sexual, toda impurificación de la misma mediante el concepto "impuro", es el crimen mismo contra la vida, – es el auténtico pecado contra el espíritu santo de la vida"[74]. –

6.

Para dar un concepto de mí como psicólogo, yo tomo un curioso fragmento de psicología que aparece en *Más allá del bien y del mal*, – yo prohibo, por lo demás, cualquier conjetura sobre quién es el que describo en este lugar. "El genio del corazón, como lo tiene aquel gran oculto, el Dios-tentador e innato cazarratas de la conciencia, cuya voz sabe descender hasta el submundo de cualquier alma, que no dice una palabra, no lanza una mirada en la que no haya una consideración y un pliegue de seducción, a cuya maestría pertenece que él sabe aparentar – y no aquello que él es, sino lo que para aquellos que le siguen es una coacción más para apretujarse siempre mas íntima y mas radicalmente... El genio del corazón, que hace callar todo lo ruidoso y autocomplaciente, y enseña a escuchar, que pule las almas rudas y les da a degustar un nuevo deseo, – el de yacer calmas como un espejo, para que el cielo profundo se refleje en ellas... El genio del corazón, que enseña a la mano torpe e impetuosa a vacilar y a asir mas delicadamente; que adivina el tesoro escondido y olvidado, la gota de bondad y dulce espiritualidad bajo el opaco y grueso hielo, y es una varita mágica para todo grano de oro que por mucho tiempo yació sepultado en la cárcel de mucho fango y arena... El genio del corazón, de cuyo contacto cualquiera sale más rico, no indultado y sorprendido, no como beneficiado y oprimido por un bien extraño, sino más rico en sí mismo, en sí más nuevo que antes, removido, oreado y sondeado por un viento tibio, más inseguro quizá, más tierno, más frágil, más quebradizo, pero lleno de esperanzas que aún no tienen nombre, lleno de nueva voluntad y flujo, lleno de nueva involuntad y reflujo…"[75]

El nacimiento de la tragedia

1.

Para ser justos con *El nacimiento de la tragedia* (1872) se deberá olvidar algunas cosas. Ha **obrado** e incluso fascinado con aquello que tenía de desacertado por su aplicación al **wagnerismo**, como si el mismo fuese un síntoma de **ascención**. Este escrito fue, justamente por ello, un acontecimiento en la vida de Wagner: recién a partir de ahí hubo grandes esperanzas en el nombre de Wagner. Aún hoy se me recuerda en circunstancias en que surge el *Parsifal*: como **yo** verdaderamente cargo sobre mi conciencia que una opinión tan alta sobre el **valor-cultural** de ese movimiento haya sobrevenido a la cima – yo encontré este escrito muchas veces citado como "el **re**nacimiento de la tragedia desde el espíritu de la música": sólo se ha tenido oídos para una nueva fórmula del arte, del propósito, de la **tarea de Wagner**; – por eso se ha desoído lo valioso que ese escrito cobijaba en el fondo. "Helenismo y pesimismo": éste habría sido un título inequívoco; esto es, como primera enseñanza sobre cómo los griegos se las arreglaron con el pesimismo, – con qué lo **superaron**. La tragedia es precisamente la prueba de que los griegos **no** fueron pesimistas: Schopenhauer se equivocó aquí, como se equivocó en todo. Tomándolo en la mano con cierta neutralidad, *El nacimiento de la tragedia* parece un escrito muy intempestivo: uno no se imaginaría que fue **comenzado** bajo los truenos de la batalla de Wörth. Yo he pensado a fondo estos problemas ante los muros de Metz, en frías noches de septiembre, en medio del servicio de sanidad; se podría creer más bien que el escrito sea cincuenta años más viejo. Es políticamente indiferente, –"no alemán", se dirá hoy–, huele chabacanamente hegeliano, sólo en algunas fórmulas está impregnada del amargo perfume cadavérico de Schopenhauer. Una "idea" –la contraposición dionisíaco y apolíneo–, traducida a lo metafísico; la historia misma, como el desenvolvimiento de esa "idea"; en la tragedia, la contraposición superada en la unidad; desde esa óptica, cosas que nunca se habían mirado mutuamente a la cara, puestas súbitamente enfrentadas, iluminadas y **comprendidas** unas por medio de otras... La ópera, por ejemplo, y la revolución... Las dos **innovaciones** decisivas del libro son, primero, la comprensión del fenómeno **dionisíaco** en los griegos: él da la primera psicología del mismo, ve en él la raíz única de todo el arte griego. La otra es la comprensión del socratismo: Sócrates, reconocido por vez primera como instrumento de la disolución griega, como *décadent* típico. "Racionalidad" **contra** instinto. ¡La "racionalidad" a cualquier precio, como peligrosa, como violencia que socava la vida! Un silencio profundo, hostil, sobre el cristianismo en todo el libro. No es ni apolíneo ni dionisíaco; **niega** todos los valores **estéticos** – los únicos valores que *El nacimiento de la tragedia* reconoce: es nihilista en el más hondo sentido, mientras que en el símbolo dionisíaco se alcanza el límite más remoto de la afirmación. Una vez se alude a los sacerdotes cristianos como a una "pérfida especie de enanos", de "subterráneos"...

2.

Este comienzo es sobre toda medida notable. Yo había **descubierto** el único símil y parangón de mi experiencia más íntima que la historia posee, – justamente con ello había comprendido yo primero el maravilloso fenómeno de lo dionisíaco. Asimismo, por reconocer yo a Sócrates como *décadent*, se había dado con ello una prueba totalmente inequívoca, de cuán poco peligro correría la seguridad de mi garra psicológica por parte de cualquier idiosincrasia moral: – la moral misma como síntoma de *décadence* es una innovación, una singularidad de primer rango en la historia del conocimiento. ¡Cuán alto había yo saltado con estas dos por encima de la lastimosa charlatanería, de mentecatos, sobre optimismo contra pesimismo! – Yo vi primero la auténtica contraposición: – el instinto **degenerativo**, que se vuelve contra la vida con subterránea sed de venganza (– el cristianismo, la filosofía de Schopenhauer, en cierto sentido ya la filosofía de Platón, el idealismo entero, como formas típicas), y una fórmula de la **suprema afirmación**, nacida de la abundancia, de la sobreabundancia, un decir sí sin reservas, incluso al sufrimiento, a la culpa misma, a todo lo cuestionable y extraño de la existencia misma... Este último sí a la vida, el más alegre, superabundante, el más petulante, no es sólo la intelección suprema, sino también la **más honda**, la más rigurosamente confirmada y sostenida por la verdad y la ciencia. No hay nada, de lo que existe, para sustraer, nada es superfluo; – los aspectos de la existencia rechazados por los cristianos y otros nihilistas son hasta de un orden infinitamente superior en la jerarquía de los valores, que aquello que el instinto de *décadence* pudo aprobar, **llamar bueno**. Para captar esto se necesita **coraje** y, como condición de él, un exceso de **fuerza**: pues exactamente tan lejos como el coraje **puede** osar adelantarse, exactamente según la medida de la fuerza uno se acerca a la verdad. El conocimiento, el decir sí a la realidad, es para el fuerte una necesidad, tal como para el débil, bajo la inspiración de la debilidad, la cobardía y la **huída** frente a la realidad, – el "ideal"... No son dueños de conocer: los *décadents* tienen **necesidad** de la mentira, ella es una de sus condiciones de conservación. – Quien no sólo comprende la palabra "dionisíaco", sino que **se** comprende en la palabra "dionisíaco", no tiene necesidad alguna de refutación de Platón, o del cristianismo, o de Schopenhauer – él **huele la putrefacción**...

3.

Hasta qué punto, justamente con esto, había hallado yo el concepto de "trágico", el conocimiento definitivo de lo que es la psicología de la tragedia, lo he vuelto a exponer por último en el *Crepúsculo de los ídolos*, p.139. "El decir sí a la vida incluso en sus problemas más extraños y duros; la voluntad de vida, alegrándose en su propia inagotabilidad en el **sacrificio** de sus tipos más altos, – **esto** llamé yo dionisíaco, esto entendí yo como puente a la psicología del poeta **trágico. No** para desprenderse del espanto y la compasión, no para purificarse de un afecto peligroso mediante una vehemente descarga – así lo malentendió Aristóteles: sino para, más allá del espanto y la compasión, **ser nosotros mismos** el eterno placer del devenir, ese placer que también encierra en sí el **placer de exterminar...**"[76] En este sentido tengo yo el derecho a entenderme a mí mismo como el primer **filósofo trágico**, – es decir, la más extrema contraposición y antípoda de un filósofo pesimista. Antes de mí no existe esta transposición de lo dionisíaco a un *pathos* filosófico: falta la **sabiduría trágica**, – yo he buscado en vano indicios de ella incluso en los **grandes** griegos de la filosofía, aquellos de los dos siglos **anteriores** a Sócrates. Una duda me ha quedado con **Heráclito**, en cuya cercanía sobre todo me siento más cálido y de mejor ánimo que en cualquier otro lugar. La afirmación del transcurrir **y del exterminar**, lo decisivo en una filosofía dionisíaca, el decir sí a la contraposición y a la guerra, el **devenir**, con rechazo radical incluso del concepto de "ser" – en esto tengo que reconocerme, bajo todas las circunstancias, el mayor parentesco con lo que hasta ahora ha sido pensado. La doctrina del "eterno retorno", es decir, de la circulación incondicionada e infinitamente repetida, de todas las cosas, – esta doctrina de Zarathustra **podría**, en definitiva, ya haber sido enseñada también por Heráclito. Al menos la Estoa, que ha heredado de Heráclito casi todas sus representaciones fundamentales, presenta huellas de la misma.

4.

Desde en este escrito habla una inmensa esperanza. En definitiva, me falta todo motivo para renunciar a la esperanza de un futuro dionisíaco de la música. Echemos una mirada hacia un siglo más adelante, pongamos por caso que mi atentado contra dos milenios de contranaturaleza y de ultraje del hombre tiene éxito. Aquel nuevo partido de la vida que tome en sus manos la más grande de todas las tareas, el cultivo superior de la humanidad, incluído el inconsiderado exterminio de todo lo degenerado y parasitario, hará posible otra vez en la tierra aquel **exceso de vida** del cual deberá volver a crecer también el estado dionisíaco. Yo prometo una época **trágica**: el arte supremo en el decir sí a la vida, la tragedia, volverá a renacer cuando la humanidad tenga detrás de sí la conciencia de las guerras más duras, pero más necesarias, **sin padecer por ello**... Un psicólogo podría incluso añadir que lo que yo oí en mis jóvenes años en la música wagneriana no tiene nada que ver sobre todo con Wagner; que cuando yo describía la música dionisíaca, describía aquello que **yo** había oído, – que yo debía traducir y transfigurar instintivamente todo al nuevo espíritu que yo llevaba en mí. La prueba de ello, **tan fuerte como sólo una prueba puede serlo**, es mi escrito "*Wagner en Bayreuth*"[77]: en todos los pasajes psicológicamente decisivos se habla únicamente de mí, se puede poner sin reparo alguno mi nombre o la palabra "Zarathustra" allí donde el texto pone la palabra "Wagner". La entera imagen del artista **ditirámbico**[78] es la imagen del **preexistente** poeta del

Zarathustra, dibujado con abismal profundidad y sin tocar siquiera un instante la realidad wagneriana. Wagner mismo tuvo una noción de ello, él no se reconoció en el escrito. – Asimismo, "el pensamiento de Bayreuth" se había transformado en algo que, para los conocedores de mi *Zarathustra*, no será un concepto enigmático: en aquel **gran mediodía**, en que los más elegidos se consagran a la más grande de todas las tareas – ¿quién sabe? la visión de una fiesta que yo aún viviré... El *pathos* de las primeras páginas históricamente universal; la **mirada** de la que se habla en la séptima página[79] es la auténtica mirada de Zarathustra; Wagner, Bayreuth, toda la pequeña miseria alemana es una nube, en la que se refleja un espejismo infinito del futuro. Incluso psicológicamente, todos los rasgos decisivos de mi propia naturaleza están asentados en la de Wagner, – la yuxtaposición de las fuerzas más luminosas y fatales, la voluntad de poder como jamás un hombre la ha poseído, la desconsiderada valentía en lo espiritual, la ilimitada fuerza para aprender sin que la voluntad de acción fuera oprimida por ello. Todo en este escrito está presagiado: la cercanía del retorno del espíritu griego, la necesidad de **contra-Alejandros** que vuelvan a **atar** el nudo gordiano de la cultura griega, después que ha sido desatado... Óigase el acento histórico-universal con que se introduce el concepto de "mentalidad trágica" en la página 30[80]: son puros acentos histórico-universales los de este escrito. Ésta es la "objetividad" más extraña que puede darse: la absoluta certeza sobre lo que yo **soy** se proyectó sobre cualquier realidad casual, – la verdad sobre mí hablaba desde una estremecedora profundidad. En la página 71[81] se describe y anticipa el **estilo** del *Zarathustra* con incisiva seguridad; y jamás se encontrará una expresión más grandiosa para el **acontecimiento** Zarathustra, el acto de una inmensa purificación y consagración de la humanidad, que la hallada en las páginas 43-46[82]. –

Las Intempestivas

1.

Las cuatro **Intempestivas**[83] son enteramente guerreras. Ellas demuestran que yo no era ningún "Juan el Soñador", que me divierte desenvainar la espada, – quizá también, que yo tengo la muñeca peligrosamente libre. El **primer** ataque (1873) fue contra la formación cultural alemana, sobre la que yo, ya entonces, miraba desde arriba con inconsiderado desprecio. Sin sentido, sin substancia, sin meta: una mera "opinión pública". No hay malentendido más malvado que creer que el gran éxito en las armas de los alemanes demuestra algo a favor de esta formación cultural – o siquiera **su** victoria sobre Francia... La **segunda** Intempestiva (1874) saca a la luz lo peligroso, lo corrosivo y envenenador de la vida en nuestro modo de practicar ciencia – : la vida **enferma** de este deshumanizado engranaje y mecanismo, de la "**im**personalidad" del trabajador, de la falsa economía de la "división del trabajo". Se pierde la **finalidad**, la cultura: – el medio, la práctica científica moderna, **barbariza**... En este tratado el "sentido histórico", del cual este siglo está orgulloso, fue reconocido por primera vez como enfermedad, como típico signo de decadencia. – En la **tercera** y **cuarta** Intempestiva se confrontan, como índice hacia un concepto **superior** de cultura, hacia la restauración del concepto "cultura", dos imágenes del más duro **egoísmo**, de la más dura **autodisciplina**, tipos intempestivos *par excellence*, llenos de soberano desprecio contra todo lo que en torno a ellos se llamaba "*Reich*", "formación cultural", "Cristianismo", "Bismarck", "éxito", – Schopenhauer y Wagner **o**, en una palabra, Nietzsche…

2.

De estos cuatro atentados tuvo, el primero, un extraordinario éxito. La bulla que suscitó fue en todo sentido magnífica. Yo había tocado a una nación victoriosa en su zona herida, – que su victoria **no** era un acontecimiento cultural, sino quizá, quizá algo muy distinto… La respuesta vino de todas partes y, por supuesto, no sólo de los viejos amigos de David Strauss, a quien yo había puesto en ridículo como tipo de un filisteo de formación cultural alemán y como *satisfait*[84], resumiendo, como autor de su evangelio de cervecería de la "antigua y nueva fe" (– la palabra filisteo de la formación cultural ha quedado en la lengua desde mi escrito). Estos viejos amigos, a quienes, como wurtembergueses y suabos, había asestado yo una profunda estocada, cuando encontré cómico a su estrafalario animal, el avestruz [Strauss][85], contestaron de manera tan íntegra y groseros como yo, de alguna manera, podía desear; las réplicas prusianas fueron más inteligentes, – ellos tenían en sí más "azul berlinés" [azul prusia]. Lo más indecente lo presentó un periódico de Leipzig, el desopinado "*Grenzboten*"; me tuve que esmerar para detener a los indignados basileanos de tomar medidas. Sólo algunos viejos señores se decidieron incondicionalmente por mí, por diversos y, en parte, indiscutibles motivos. Entre ellos Ewald[86], en Gotinga, que dio a entender que mi atentado había resultado mortal para Strauss. Asimismo el viejo hegeliano Bruno Bauer[87] a quien de ahí en más he tenido como uno de mis lectores más atentos. En sus últimos años él gustaba de hacer referencia a mí, por ejemplo, hacerle una seña al señor von Treitschke[88], el historiador prusiano, en dónde podía conseguir información sobre el concepto de "cultura", que él había perdido. Lo más meditado, también lo más extenso sobre el escrito y su autor fue dicho por un viejo discípulo del filósofo von Baader, un profesor Hoffmann[89], en Wurzburgo. Por el escrito, él preveía un gran destino para mí, – acarrear una especie de crisis y suprema decisión en el problema del ateísmo, de cuyo tipo más instintivo y más desconsiderado él advirtió en mí. El ateísmo era lo que me conducía a Schopenhauer. – Por lejos lo mejor escuchado, lo más amargamente sentido, fue una extraordinariamente fuerte y valiente intercesión del sinó tan suave Karl Hillebrand[90], el último alemán **humano** que ha sabido conducir la pluma. Su artículo se leyó en la *Augsburger Zeitung*[91]; hoy se lo puede leer, en una forma algo más cuidadosa, en sus obras completas. Aquí el escrito era presentado como acontecimiento, punto de giro, primera autoconciencia, como el mejor de todos los signos, como un verdadero **retorno** de la seriedad alemana y de la pasión alemana en asuntos espirituales. Hillebrand estaba lleno de altas distinciones para la forma del escrito, para su gusto maduro, para su tacto perfecto en la distinción entre persona y cosa: él lo distinguió como el mejor escrito polémico que se haya escrito en alemán, – en el, precisamente para alemanes, tan peligroso, tan desaconsejable arte de la polémica. Afirmando incondicionalmente, superándome incluso en aquello que yo había osado decir sobre el acanallamiento de la lengua en Alemania (–hoy juegan a los puristas y ya no pueden construir ninguna frase–), con el similar desprecio contra los "primeros escritores" de esta nación, finalizaba expresando su admiración por mi **coraje** – "aquel coraje superior que lleva al banquillo de los acusados precisamente a los predilectos de un pueblo"... La repercusión de este escrito en mi vida es realmente inapreciable. Nadie ha buscado hasta aquí pendencias conmigo. Se me silencia, se me trata en Alemania con un cuidado sombrío: desde hace años yo he hecho uso de una incondicional libertad de palabra para la cual hoy nadie, y menos aún en el "*Reich*", tiene la **mano** suficientemente libre. Mi paraíso está "bajo la sombra de mi espada"... En el fondo yo había practicado una máxima de Stendhal: él aconseja hacer la entrada en la sociedad con un **duelo**. ¡Y cómo me había elegido a mi adversario!, ¡el primer librepensador alemán!... De hecho, una forma totalmente **nueva** de librepensamiento vino así a expresarse por primera vez: hasta hoy nada me es más extraño y menos afín que toda la *species* europea y americana de "*libres penseurs*"[92]. Con ellos como inmejorables mentecatos y bufones de las "ideas modernas", yo me encuentro incluso en una más profunda discordia que con cualquiera de sus adversarios. Ellos también quieren, a su modo, "mejorar" la humanidad, a su imagen, ellos harían una guerra irreconciliable contra aquello que yo soy, que yo **quiero**, suponiendo que lo comprendieran, – todos ellos juntos aún creen en el "Ideal"... Yo soy el primer **inmoralista** –

3.

Que las Intempestivas señaladas con el nombre de Schopenhauer y de Wagner puedan servir particularmente para la comprensión, o tan siquiera para el cuestionamiento psicológico de ambos casos, es algo que yo no quiero afirmar, exceptuando algunas cosas, obviamente. Así, por ejemplo, aquí ya se señala con profunda seguridad instintiva a la naturaleza elemental de Wagner como talento de actor, que en sus medios y en sus intenciones, sólo saca sus consecuencias. En el fondo, con estos escritos, yo quería hacer algo totalmente distinto que psicología: – un problema de la educación sin igual, un nuevo concepto de **egoísmo**, de **autodefensa** hasta la dureza, un camino hacia la grandeza y hacia tareas histórico-universales reclamaba por su primera expresión. Contado a grandes rasgos, yo tomé del copete a dos tipos famosos y absolutamente aún indefinidos, como se toma del copete a una oportunidad, para expresar algo, para tener en la mano un par de fórmulas, de signos, de medios lingüísticos más. En definitiva, esto también está insinuado con una total e inquietante sagacidad en la página 93 de la tercera Intempestiva[93]. De tal forma Platón se sirvió de Sócrates, como una semiótica para Platón. – Ahora que yo, desde cierta lejanía, vuelvo la vista sobre aquellas situaciones, cuyo testimonio son esos escritos, no quiero renegar que, en el fondo, sólo hablan de mí. El escrito "*Wagner en Bayreuth*" es una visión de mi futuro; en cambio en "*Schopenhauer como educador*" está inscripta mi historia más interna, mi **devenir**. ¡Ante todo mi **promesa**!... **Lo que** hoy soy, **donde** hoy estoy – en una altura donde ya no hablo más con palabras sino con rayos –, ¡oh, qué lejos de esto estaba entonces todavía! – Pero yo **veía** la tierra, – yo no me engañé ni un instante acerca del camino, del mar, del peligro – ¡y del éxito! La gran calma en la promesa, ese feliz mirar hacia el futuro que no ha de quedarse en sólo un mandato! – Aquí cada palabra es vivida, es profunda, interna; no falta lo más doloroso, en él hay palabras que son directamente acardenaladas. Pero un viento de **gran** libertad sopla por sobre todo; la herida misma **no** actúa como objeción. De cómo comprendo yo al filósofo, como una temible materia explosiva, ante quien todo está en peligro, de cómo yo aparto en distancia de millas mi concepto de "filósofo" de aquel concepto que hasta incluso encierra en sí a un Kant, ni que hablar de los "rumiantes" académicos y otros profesores de la filosofía: sobre esto ofrece este escrito una enseñanza inapreciable, admitiendo de suyo que en el fondo aquí no toma la palabra "Schopenhauer como educador", sino su **contraposición**, "Nietzsche como educador". – Considerando que entonces mi oficio era el de erudito y, quizá también, que yo **entendía** mi oficio, no carece de significado un acre fragmento de psicología del erudito que de pronto aparece en este escrito: expresa el **sentimiento de distancia**, la profunda seguridad sobre aquello que en mí puede ser **tarea**, y lo que puede ser simple medio, entreacto y obra secundaria. Mi inteligencia es haber sido muchos y en muchos lugares, para poder devenir uno, – para poder llegar a ser uno. Yo también **debía** ser erudito durante un tiempo.

Humano, demasiado humano

Con dos continuaciones

1.

Humano, demasiado humano es el monumento a una crisis. Se llama a sí mismo un libro para espíritus **libres**: casi cada frase en él expresa una victoria – yo me he liberado con el mismo de lo **que no pertenece** a mi naturaleza. No pertenece a mí el idealismo: el título dice "donde **ustedes** ven cosas ideales, **yo** veo – ¡cosas humanas, ay, sólo demasiado humanas!"... Yo conozco **mejor** al hombre... La palabra "espíritu libre" no quiere ser entendida en ningún otro sentido: un espíritu **devenido libre** que ha vuelto a tomar posesión de sí mismo. El tono, el timbre de su voz se ha modificado completamente: se encontrará a este libro inteligente, frío, bajo ciertas circunstancias duro y burlón. Una cierta espiritualidad de gusto **distinguido** parece sobreponerse de constante contra una corriente de fondo más apasionada. En esta ilación tiene sentido que sea propiamente el centenario de la conmemoración de la muerte de **Voltaire** con lo cual, en cierto modo, se disculpa la publicación del libro ya en el año 1878. Pues Voltaire, en contraposición a todos los que escribieron después de él, es ante todo un *grand seigneur*[94] del espíritu: exactamente eso que también yo soy. – El nombre Voltaire en un escrito mío – esto era verdaderamente un progreso – **hacia mí**... Si se mira con más precisión se descubre un espíritu inclemente que conoce todos los escondites en los que habita el ideal, – donde tiene sus mazmorras y, en cierto modo, su seguridad final. Una antorcha en las manos, que de ningún modo da una luz "vacilante", es lanzada con una claridad cortante en ese **submundo** del ideal. Es la guerra, pero la guerra sin pólvora y sin vapor, sin actitudes guerreras, sin *pathos* y sin miembros dislocados – aún todo esto sería "idealismo". Un error tras otro es depositado serenamente sobre el hielo, el ideal no es refutado – **se congela**... Aquí, por ejemplo, se congela "el genio"; un **rincón** más allá se congela "el santo"; bajo un grueso calamoco se congela "el héroe"; al final se congela "la fe", la así llamada "convicción", también "la compasión", se enfría significativamente – casi en todas partes se congela "la cosa en sí"...

2.

Los comienzos de este libro se sitúan en medio de las semanas del primer Festival de Bayreuth; uno de sus presupuestos es una honda extrañeza frente a todo lo que allí me rodeaba. Quien tenga una idea de qué visiones ya en aquel tiempo me habían salido al paso, puede adivinar cuál era mi ánimo cuando un día yo desperté en Bayreuth. Por completo como si soñase... ¿Pues dónde estaba yo? Yo no reconocía nada, apenas sí reconocía a Wagner. En vano hojeaba yo en mis recuerdos. Tribschen – una lejana isla de los bienaventurados: ni sombra de semejanza. Los incomparables días de la colocación de la piedra fundacional, la pequeña sociedad **apropiada** que los festejó, y a la que ni hubo que desear dedos para cosas delicadas: ni sombra de semejanza. **¿Qué había sucedido?** – ¡Se había traducido a Wagner al alemán! El wagneriano se había vuelto señor sobre Wagner! – ¡El arte **alemán**! ¡el maestro **alemán**! ¡la cerveza **alemana**!... Nosotros, los otros, nosotros los que sabemos demasiado bien para qué refinados artistas, a qué cosmopolitismo del gusto le habla el arte de Wagner, estábamos fuera de nosotros mismos al reencontrar a Wagner adornado con "virtudes" alemanas. – Pienso que yo conozco al wagneriano, yo he "vivido" tres generaciones, desde el bienaventurado Brendel[95] que confundía a Wagner con Hegel, hasta los "idealistas" de los *Bayreuther Blätter*[96], que confundían a Wagner consigo mismos, – yo he oído todo tipo de confesiones de "almas bellas" sobre Wagner. ¡Un reino por una sola palabra sensata! – ¡En verdad, una sociedad que ponía los pelos de punta! ¡Nohl, Pohl, Kohl[97] con gracia *in infinitum*! Ningún engendro falta entre ellos, ni siquiera el antisemita. – ¡El pobre Wagner! ¡Dónde había ido a parar! - ¡Si al menos hubiera caído entre las puercas! ¡Pero entre alemanes!... Finalmente, para instruir a la posteridad, habría que disecar un auténtico bayreuthiano, mejor aún, ponerlo en *spiritus*[98], pues *spiritus* es lo que falta –, con la subscripción: así se veía el "espíritu" sobre el que se fundó el "*Reich*"... Suficiente, en medio de esto yo me fui por un par de semanas, muy repentinamente, a pesar que una encantadora parisina intentara consolarme; yo me disculpé con Wagner sólo con un telegrama fatalista. En un lugar del bosque profundamente oculto en los Bosques de Bohemia, Klingenbrunn, soporté mi melancolía y desprecio por los alemanes como si fuera una enfermedad – **y** escribía de tiempo en tiempo, bajo el título general de *"La reja del arado"*, una frase en mi diario, puras *psychologica*[99], **duras**, las que quizá aún se dejen volver a encontrar en *Humano, demasiado humano*.

3.

Lo que entonces se resolvió en mí no fue acaso una ruptura con Wagner – yo percibía un extravío general de mi instinto, del cual cada desacierto singular, llámese sólo Wagner o cátedra de Basilea, era un mero signo. Me sobrecayó una **impaciencia** conmigo mismo; yo comprendí que había llegado el momento culminante de volver a reflexionar sobre **mí**. De una vez se me hizo claro, de un modo terrible, cuánto tiempo ya había sido dilapidado, – que efecto inútil, arbitrario, hacía toda mi existencia de filológo comparado con mi tarea. Me avergonzaba de esa **falsa** modestia... Diez años detrás de mí, donde la **alimentación** del espíritu en mí había quedado propiamente detenida, donde no había aprendido nada utilizable, donde yo había olvidado absurdamente mucho sobre cachivaches de polvorienta erudición. Arrastrarme con acribia y ojos enfermos a través de antiguas métricas – ¡hasta esto había llegado! Me vi con lástima muy delgado, totalmente deshambrido: las **realidades** faltaban precisamente en el interior de mi saber ¡y las "idealidades" servían para qué diablos! – Me agarró una sed verdaderamente abrasadora: de ahí en más, de hecho, no me he ocupado más que de fisiología, medicina y ciencias naturales; incluso a los propios estudios históricos he vuelto recién cuando la **tarea** me ha obligado imperiosamente a ello. Entonces también adiviné por primera vez la conexión entre una actividad elegida contra los instintos, una así llamada "profesión", a la que uno **menos** está llamado – y aquella necesidad de **adormecimiento** del sentimiento de lo yermo y del hambre por medio del arte narcótico, – por ejemplo a través del arte wagneriano. Con una mirada más cuidadosa en torno, he descubierto que para un gran número de jóvenes varones persiste el mismo estado de penuria: una contranaturaleza **fuerza** formalmente una segunda. En Alemania, en el "*Reich*", para hablar inequívocamente, demasiados están condenados a decidirse prematuramente y **languidecer** luego bajo un lastre que se ha vuelto imposible de arrojar… Estos piden por Wagner como por un **opio**, – ellos se olvidan, ellos se evaden por un instante… ¡Qué digo yo! **¡por cinco o seis horas!** –

4.

Entonces mi instinto se decidió, inexorable, en contra de un más prolongado ceder, acompañar a otros, confundirme a mí mismo. Cualquier tipo de vida, las condiciones más desfavorables, la enfermedad, la pobreza – todo me parecía preferible a aquel indigno "altruismo" en el que había incurrido primero por ignorancia, por **juventud**, en el que más tarde había quedado colgado por pereza, por el así llamado "sentimiento del deber". – Aquí vino en mi ayuda, de un modo que no puedo admirar lo suficiente, y justo en el momento exacto, aquella **mala** herencia por parte de mi padre, – en el fondo una predeterminación a una temprana muerte. La enfermedad **me liberó lentamente**: ella me ahorró toda ruptura, todo paso violento y chocarrero. Yo no perdí entonces ninguna benevolencia, e incluso gané muchas más. Asimismo, la enfermedad me dio el derecho a una inversión completa de todos mis hábitos; ella me permitió, ella me **obligó** a olvidar; ella me regaló la **obligación** a yacer quieto, al ocio, a esperar y a ser paciente... ¡Pero si esto se llama pensar!... Mis ojos, solos, pusieron fin con toda actividad de gusano de biblioteca, hablando claro: a la filología: yo fui redimido del libro, por años no volví a leer nada más – ¡el más grande beneficio que yo me he dispensado! – Aquel más profundo sí mismo, en cierto modo sepultado, en cierto modo silenciado bajo un constante **tener-que**-oír a otras mismidades (–¡y esto se llama, pues, leer!) despertaba lentamente, tímido, dubitativo, – pero al fin **hablaba de vuelta**. Nunca he tenido tanta felicidad conmigo como en los tiempos más enfermos y dolorosos de mi vida: sólo basta mirar "*Aurora*" o "*El viajero y su sombra*" para comprender lo que fue esta "Vuelta **a mí mismo**": ¡una especie suprema de **convalecencia** misma!... La otra fue mera consecuencia de ésta. –

5.

Humano, demasiado humano, este monumento de una rigurosa autodisciplina, con el que dispuse un abrupto fin en mí a toda la “farsa superior”, a todo “idealismo”, “bello sentimiento” y otras femineidades incorporadas, fue redactado en todos sus aspectos principales en Sorrento; obtuvo su finalización, su forma definitiva, en un invierno de Basilea, bajo circunstancias incomparablemente más desfavorables a las de Sorrento. En el fondo es el señor **Peter Gast**, que entonces estudiaba en la Universidad de Basilea y estaba muy relacionado a mí, quien carga con el libro en su conciencia. Yo dictaba, con la cabeza vendada y dolorida, y él copiaba, y corregía también, – él fue propiamente el escritor, mientras que yo fui meramente el autor. Cuando finalmente me llegó el libro terminado a las manos – para hondo asombro de un enfermo grave–, envié, entre otros, también a Bayreuth dos ejemplares. Por un milagro de sentido en el azar me llegó al mismo tiempo un bonito ejemplar del texto de *Parsifal*, con una dedicatoria de Wagner hacia mí: “a su caro amigo Friedrich Nietzsche, Richard Wagner, consejero eclesiástico”. Este cruce de los dos libros – a mí me fue como si oyese un tono ominoso con esto. ¿No sonaba como si se cruzaran **espadas**?... En todo caso nosotros dos lo percibimos así: pues ambos callamos. Por ese tiempo aparecieron los primeros *Bayreuther Blätter*: yo comprendí, **para qué** había llegado el tiempo supremo. – ¡Increíble! Wagner se había vuelto devoto...

6.

De qué modo yo entonces (1876) pensaba sobre mí, con qué inmensa seguridad yo sostenía en mano mi tarea y lo histórico-universal en ella, de esto da testimonio todo el libro, pero ante todo una parte muy expresiva: sólo que yo, con mi instintiva astucia, también aquí evité la palabrita "yo", y esta vez iluminé con radiante gloria histórica-universal no a Schopenhauer o Wagner, sino a uno de mis amigos, el distinguido Dr. Paul Rée[100] – por suerte un animal demasiado fino, como para... **Otros** fueron menos finos: yo siempre he reconocido a los desesperanzados entre mis lectores, por ejemplo al típico profesor alemán, en que ellos siempre, en base a este pasaje, han creído tener que entender todo el libro como realismo superior... En verdad contenía la refutación contra cinco, seis tesis de amigo: quiera leerse sobre esto el prólogo a la *Genealogía de la moral.* – El pasaje dice: ¿Cuál es pues la tesis principal a la que ha arribado uno de los más audaces y más fríos pensadores, el autor del libro *Sobre el origen de los sentimientos morales* (*lisez*[101]: Nietzsche, el primer **inmoralista**), mediante sus penetrantes y cortantes análisis del obrar humano? "El hombre moral no está más cerca del mundo inteligible que del físico – **pues** no hay ningún mundo inteligible..." Esta frase, devenida dura y cortante bajo el martillazo del conocimiento histórico (*lisez*: **Transvaloración de todos los valores**) puede quizá alguna vez, en un futuro cualquiera – ¡1890!– servir como hacha para ser asestada en la raíz de la "necesidad metafísica" de la humanidad, – si para bendición o para maldición de la humanidad, ¿quién podría decirlo? Pero en todo caso una tesis de las más importantes consecuencias, a la vez fructífera y terrible, que mira al mundo con aquella **doble perspectiva**, la cual poseen todos los grandes conocimientos...[102]

Aurora

Pensamientos sobre la moral como prejuicio

1.

Con este libro comienza mi campaña contra la **moral**. No es que tenga el más mínimo olor a pólvora: se percibirán olores completamente distintos y mucho más amables en él, suponiendo que se tenga alguna finura en el ollar. Ni artillería pesada, ni tampoco ligera: si el efecto del libro es negativo, tanto menos lo son sus medios, esos medios de los cuales se sigue el efecto como una conclusión, **no** como un cañonazo. El que uno se despida de este libro con un receloso cuidado frente a todo lo que hasta ahora, bajo el nombre de moral, se había llegado a honrar e incluso a adorar, no está en contradicción con el hecho de que en todo el libro no aparezca ninguna palabra negativa, ni un solo ataque, ni una sola maldad, – que más bien reposa al sol, orondo, feliz, igual a un animal marino que se solea entre rocas. En definitiva, era yo mismo ese animal marino: casi cada frase del libro está pensada, **escurrida**, en aquel caos de rocas cercano a Génova, donde yo estaba solo y aún tenía secretos con el mar. Todavía ahora, con un casual roce de este libro, se convierte casi cada una de sus frases para mí en una punta, tirando de la cual extraigo nuevamente algo incomparable de la profundidad: toda su piel tiembla de delicados estremecimientos del recuerdo. El arte que le aventaja no es pequeño, puede retener un poco cosas que se escabullen ligeras y sin ruido, instantes que yo llamo lagartijas divinas, – no con la crueldad de aquel joven dios griego que simplemente ensartaba al pobre lagartillo, pero sí con algo punteagudo de todos modos, con la pluma... "Hay tantas auroras que aún no han alumbrado" – esta inscripción **india** está sobre la puerta que da a este libro. **¿Dónde busca** su autor aquella nueva mañana, aquel delicado arrebol hasta ahora no descubierto, con el que de nuevo un día –¡ah, toda una serie, todo un mundo entero de nuevos días!– se eleva? En una **transvaloracion de todos los valores**, en un soltarse de todos los valores morales, en un decir sí y tener confianza hacia todo lo que hasta ahora ha sido prohibido, despreciado, maldecido. Este libro **que dice sí** derrama su luz, su amor, su ternura sobre puras cosas malas, les devuelve otra vez "el alma", la buena conciencia, el alto derecho y **privilegio** de existir. La moral no es atacada, simplemente ya no viene en consideración... Este libro concluye con un "¿o?", – es el único libro que concluye con un "¿o?"...

2.

Mi tarea, la de preparar un instante de supremo autoconocimiento a la humanidad, un **gran mediodía** en el que mire hacia atrás y hacia afuera, en el que se sustraiga al dominio del azar y de los sacerdotes y plantee por primera vez, como **totalidad**, la cuestión del ¿por qué?, del ¿para qué? –, esta tarea se sigue con necesidad de la comprensión de que la humanidad **no** está por sí misma por el camino recto, que **no** es gobernada en modo alguno por lo divino; que, más bien, es precisamente bajo los más santos conceptos de valor que el instinto de la negación, de la corrupción, el instinto de *décadence* ha reinado seductor. La pregunta por la procedencia de los valores morales es para mí una pregunta de **primer rango**, porque condiciona el futuro de la humanidad. La exigencia de que se debe **creer** que en el fondo todo está en las mejores manos, de que un libro, la Biblia, otorga una tranquilidad definitiva sobre la divina conducción y sabiduría en el destino de la humanidad, esa exigencia es, retraducida a la realidad, la voluntad de no dejar surgir la verdad sobre la miserable contraparte de esto, es decir, que la humanidad ha estado hasta ahora en las **peores** manos, que ha sido gobernada por los fracasados, por los astutos vengativos, los llamados "santos", esos calumniadores del mundo y ultrajadores del hombre. El signo decisivo en que se manifiesta que el sacerdote (– incluidos los sacerdotes **ocultados**, los filósofos) se ha vuelto señor de todo, y no sólo de una determinada comunidad religiosa, que la moral de la *décadence*, la voluntad de final, vale como moral **en sí**, es el valor incondicional que se concede a lo no-egoísta, y la enemistad que en todas partes se depara a lo egoísta. A quien esté en desacuerdo conmigo en este punto, a ese lo considero **infectado**... Pero todo el mundo está en desacuerdo conmigo... Para un fisiólogo, una tal contraposición de valores no deja ninguna duda. Cuando, dentro del organismo, el órgano más exiguo cesa, aunque sea en medida muy pequeña, de imponer con total seguridad su autoconservación, su restitución de fuerzas, su "egoísmo", entonces el todo degenera. El fisiólogo demanda la **amputación** de la parte degenerada, niega toda solidaridad con lo degenerado, está lo más lejos de sentir compasión con ello. Pero el sacerdote **quiere** precisamente la degeneración del todo, de la humanidad: por eso **conserva** lo degenerador – a ese precio él la domina... ¿Qué sentido tienen aquellos conceptos-mentiras, los conceptos **auxiliares** de la moral, "alma", "espíritu", "voluntad libre", "Dios", sino el de arruinar fisiológicamente a la humanidad?... Cuando se distrae la seriedad de la autoconservación, del incremento de fuerzas del cuerpo, **es decir, de la vida**, cuando de la clorosis se hace un ideal, del desprecio del cuerpo se construye "la salud del alma", ¿qué otra cosa es esto más que una **receta** para la *décadence*? – La pérdida del centro de gravedad, la oposición contra los instintos naturales, en una palabra, el "altruismo" – a esto se ha llamado hasta ahora **moral**... Con "*Aurora*" entablé yo primero la lucha contra la moral del autorenunciamiento. –

La gaya ciencia[103]

("la gaya scienza")

1.

"Aurora" es un libro que dice sí, profundo, pero claro y bondadoso. Eso mismo vale también, y en grado sumo, para la *gaya scienza*: casi en cada frase del mismo, profundidad de sentido e impetuosidad van tiernamente tomadas de la mano. Un verso que expresa la gratitud por el más maravilloso mes de enero que yo he vivido –el libro entero es su regalo– revela con suficiencia desde qué profundidades aquí la "ciencia" se ha vuelto **alegre**:

Tú, que con lanza de fuego
el hielo de mi alma has partido,
para que con estruendo ésta ahora al mar
de su esperanza suprema se lance:
cada vez más clara y cada vez más sana,
libre en el deber más amoroso–
¡Así es como ella celebra tus milagros,
bellísimo Enero![104]

¿Qué significa aquí "esperanza suprema", quién puede tener dudas sobre ello al ver refulgir, como cierre del libro cuarto, la diamantina belleza de las primeras palabras del

Zarathustra? – ¿O al leer las frases graníticas del final del libro tercero, con las que se reduce a fórmulas por primera vez un destino **para todos los tiempos**? Las **Canciones del Príncipe Vogelfrei**, en su mejor parte compuestas en Sicilia, recuerdan de modo totalmente explícito al concepto provenzal de la "*gaya scienza*", aquella unidad de **cantor, caballero y espíritu libre**, con la que aquella maravillosa temprana cultura de los provenzales se destaca de todas las culturas ambiguas; sobre todo la última poesía de todas, "*Al mistral*", una alborozada canción de baile, en la que, ¡con permiso!, se baila por encima de la moral, es un provenzalismo perfecto. –

Así habló Zarathustra

Un libro para todos y para ninguno

1.

Voy a contar la historia del *Zarathustra*. La concepción fundamental de la obra, el **pensamiento del eterno retorno,** esa fórmula suprema de afirmación que puede alcanzarse en absoluto –, es de agosto del año 1881: se encuentra arrojado en una hoja cuyo escrito final es: "6.000 pies más allá del hombre y del tiempo". Aquel día caminaba yo junto al lago de Silvaplana a través de los bosques; junto a un poderoso bloque levantado en forma piramidal no lejos de Surlei, me detuve. Entonces me vino ese pensamiento. – Si calculo, a partir de aquel día, algunos meses hacia atrás, encuentro como signo precursor un repentino y, en lo más hondo, decisivo cambio de mi gusto, sobre todo en la música. Quizá se puede considerar todo el *Zarathustra* como música; ciertamente una precondición para ello fue un renacimiento en el arte de **oir**. En un pequeño balneario termal de montaña, no lejos de Vicenza, en Recoaro, donde pasé la primavera del año 1881, descubrí juntamente con mi *maestro* y amigo Peter Gast, un igualmente "renacido", que el fénix Música sobrevolaba a nuestro lado con un plumaje más ligero y más luminoso del que nunca había mostrado. Si, por el contrario, cuento a partir de aquel día hacia delante, hasta el alumbramiento, que sucedió de manera repentina y bajo circunstancias de lo más inverosímiles en febrero de 1883 – la parte final, esa misma de la que he citado algunas frases en el **Prólogo**, fue concluída exactamente en la hora sagrada en que Richard Wagner moría en Venecia, – así resultan dieciocho meses de embarazo. Este número de precisamente dieciocho meses podría insinuar la idea, al menos entre budistas, de que en el fondo yo soy un elefante hembra. – Al período intermedio corresponde la "*gaya scienza*", que tiene cien indicios de la proximidad de algo incomparable; finalmente ella misma ofrece ya el comienzo del *Zarathustra*; ella ofrece en el anteúltimo apartado del libro cuarto el pensamiento fundamental del *Zarathustra*. Asimismo pertenece a este período intermedio aquel **Himno a la vida** (para coro mixto y orquesta), cuya partitura apareció hace dos años en E. W. Fritzsch, en Leipzig: un síntoma quizá no insignificante de la situación de ese año, donde el *pathos* **afirmativo** *par excellence*, llamado por mí el *pathos* trágico, moraba dentro de mí en grado sumo. Se lo cantará alguna vez, más tarde, en memoria mía. – El texto, lo marco expresamente, pues circula sobre esto un malentendido, no es mío: es la asombrosa inspiración de una joven rusa, con quien entonces mantenía amistad, la señorita Lou von Salomé. Quien sepa extraer un sentido, sobre todo de las últimas palabras del poema, adivinará por qué yo lo preferí y admiré: ellas tienen grandeza. El dolor **no** vale como objeción contra la vida: "Si ya no te sobra más ninguna felicidad para darme, pues ¡bien!, **aún tienes tu tormento**..." Quizá también tenga mi música grandeza en ese pasaje. (La última nota del oboe es un do bemol, no un do. Errata de imprenta) – El invierno que le siguió lo viví en aquella simpática y tranquila bahía de Rapallo, no lejos de Génova, que se recorta entre Chiavari y el promontorio de Portofino. Mi salud no era la mejor; el invierno, frío y sobremanera lluvioso; un pequeño *albergo*[105], situado inmediatamente junto al mar, de modo tal que el oleaje de noche imposibilitaba el sueño, ofrecía, casi en todo, lo contrario de lo deseable. A pesar de ello, y casi para demostración de mi tesis, de que todo lo decisivo surge "a pesar de", fue en ese invierno y en esas desfavorables circunstancias en que surgió mi *Zarathustra.* – Por la mañana yo subía en dirección sur, hasta las alturas, por la magnífica carretera que va hacia Zoagli, pasando junto a pinos y oteando ampliamente el mar; por la tarde, tan seguido como la salud me lo permitía, rodeaba la bahía entera de Santa Margherita, hasta detrás de Portofino. Este lugar y este paisaje se han acercado aún más a mi corazón por el gran amor que el inolvidable emperador alemán Federico III sentía por ellos; yo estaba casualmente de nuevo en esta costa en el otoño de 1886, cuando él visitó por última vez este pequeño olvidado mundo de felicidad. – En estos dos caminos se me ocurrió todo el primer *Zarathustra*, sobre todo Zarathustra mismo, como tipo: más exactamente, éste me asaltó...

2.

Para entender este tipo es necesario tener primero en claro su presupuesto fisiológico: éste es, lo que yo denomino la **gran salud**. No sé explicar este concepto mejor, de manera más personal, que como ya lo he hecho en uno de los apartados finales del libro quinto de la "*gaya scienza*"[106], "Nosotros los nuevos, los sin nombre, los difíciles de entender –se dice allí–, nosotros, partos prematuros de un futuro aún no demostrado, nosotros necesitamos, para una nueva finalidad, también un medio nuevo, a saber, una salud nueva, una más fuerte, más ingeniosa, más tenaz, más alegre a lo que cualquier salud ha sido hasta ahora. Aquel cuya alma esté sedienta de haber vivido la completa extensión de los valores y aspiraciones habidos hasta ahora y de haber navegado todas las costas de este "Mediterráneo" ideal, quien quiera conocer por las aventuras de su más propia experiencia, cuál es el ánimo de un conquistador y descubridor del ideal, asimismo el de un artista, un santo, un legislador, un sabio, un erudito, un piadoso, un divino solitario de viejo estilo: ése necesita para ello, antes de nada, una cosa, la **gran salud**, – una tal que no sólo se tiene, sino que además se conquiste y tenga que conquistarse continuamente, porque una y otra vez se la entrega, se la tiene que entregar... Y ahora, después de que así hemos estado largo tiempo en camino, nosotros, argonautas del ideal, con más coraje acaso de lo que es prudente, y habiendo naufragado con suficiente frecuencia y padecido daño pero, como se ha dicho, más sanos de lo que se nos querría permitir, peligrosamente sanos, siempre de nuevo sanos – se nos quiere parecer como si, en recompensa de ello, tuviésemos ante nosotros una tierra aún no descubierta, cuyos límites nadie ha alcanzado a ver aún, un allende todas las anteriores tierras y rincones del ideal, un mundo tan opulento en cosas bellas, extrañas, cuestionables, terribles y divinas, que tanto nuestra curiosidad como nuestra sed de poseer han caído fuera de sí – ¡ay, que de ahora en adelante ya no seamos más saciables por nada!... ¿Cómo podríamos nosotros, después de tales vistas y con una tal voracidad de ciencia y de conciencia, dejarnos contentar ya con el **hombre actual?** Es bastante molesto, pero es inevitable que nosotros miremos sus más dignas metas y esperanzas tan sólo con una seriedad difícil de mantener, y acaso sin siquiera mirar ya... Otro ideal corre delante de nosotros, un ideal maravilloso, tentador, lleno de peligros, hacia el cual no queremos persuadir a nadie, porque nosotros no concedemos a nadie tan fácilmente **el derecho a él**: el ideal de un espíritu, que juega ingenuamente, es decir, sin querer y desde una rebosante plenitud y potencialidad con todo lo que hasta ahora fue llamado santo, bueno, intocable, divino; para quien lo supremo, en lo que el pueblo tiene su justa medida del valor, no significaría ya más que peligro, decadencia, rebajamiento, o, al menos, dispersión, ceguera, olvido temporal de sí mismo; el ideal de un bienestar y de un bienquerer humano – ultrahumano, que bastante a menudo parecerá **inhumano**, por ejemplo, cuando se para junto a toda la seriedad del mundo habida hasta ahora, junto a toda la solemnidad habida hasta ahora en gesto, palabra, sonido, mirada, moral y misión, como su más viviente e involuntaria parodia – y con el cual, a pesar de todo eso, quizá comience **la gran seriedad**, se asienta por vez primera el auténtico signo de interrogación, se gira el destino del alma, avanza la aguja, **comienza** la tragedia..."

3.

– ¿Tiene alguien, a fines del siglo XIX, un concepto claro de lo que los poetas de épocas fuertes llamaron **inspiración**? En caso contrario, yo quiero describirlo. – Con un mínimo resto de superstición en sí uno podría de hecho apenas rechazar la idea de ser mera encarnación, mero instrumento vocal, mero *medium*[107] de poderes ultrapotentes. El concepto de revelación, en el sentido de que súbitamente, con indecible seguridad y finura, algo se vuelve **visible**, se vuelve oible, algo que a uno lo conmueve y derriba en lo más profundo, describe sencillamente el estado de los hechos. Se oye, no se busca; se toma, no se pregunta quién da ahí; como un rayo refulge un pensamiento, con necesidad, sin vacilación en la forma, – yo no he tenido jamás una elección. Un éxtasis cuya inmensa tensión se desata a veces en un torrente de lágrimas, en el cual el paso involuntariamente pronto se precipita y pronto se vuelve lento; un completo estar-fuera-de-sí, con la clarísima conciencia de un sinnúmero de finos estremecimientos y escalofríos hasta los dedos de los pies; una felicidad abisal en que lo más doloroso y sombrío no actúa como contraposición, sino como condicionado, como provocado, sino como un color **necesario** interno a una tal prodigalidad de luz; un instinto de relaciones rítmicas que abarca amplios espacios de formas – el largo, la necesidad de un ritmo **amplio** son casi la medida de la fuerza de la inspiración, una especie de compensación a su presión y tensión… Todo ocurre en grado sumo de manera involuntaria, pero como en una tormenta de sentimiento de libertad, de no estar condicionado, de poder, de divinidad... La involuntariedad de la imagen, del símbolo, es lo más notable; ya no se tiene concepto alguno, lo que es imagen, lo que es símbolo, todo se ofrece como la más cercana, más correcta, más simple expresión. Parece en realidad, para recordar una palabra de Zarathustra, como si las cosas mismas se acercasen y se ofreciesen para símbolo (– "aquí vienen todas las cosas acariciadoras a tu discurso y te halagan: pues quieren cabalgar sobre tu espalda. Sobre cada símbolo cabalgas tú aquí hacia cada verdad. Aquí todo el ser de las palabras y los cofres de las palabras se te abren de golpe: todo ser quiere aquí devenir palabra, todo devenir quiere aprender a hablar de ti –")[108]. Ésta es **mi** experiencia de la inspiración; yo no dudo de que se debe retroceder milenios atrás para encontrar a alguien que me pueda decir "es también la mía". –

4.

Después de esto yací enfermo en Génova algunas semanas. Siguió luego una melancólica primavera en Roma, donde simplemente aceptaba la vida – no fue fácil. En el fondo me disgustaba sobremedida ese lugar, el más indecente de la Tierra para el poeta creador del *Zarathustra*, y que yo no había elegido voluntariamente; intenté soltarme, quería ir a **Aquila**, la antítesis de Roma, fundada por enemistad contra Roma, como yo fundaré algún día un lugar, el recuerdo de un ateo y enemigo de la Iglesia *comme il faut*[109], de uno de mis parientes más cercanos, el gran emperador de los Hohenstaufen, Federico II. Pero había una fatalidad en todo eso: tuve que regresar. Por último me dí por satisfecho con la *piazza* Barberini, después de que mi esfuerzo por encontrar una región **anticristiana** había llegado a cansarme. Yo temo que una vez, para evitar lo más posible a los malos olores, fui a preguntar en el propio *palazzo* del Quirinale si no tenían una habitación tranquila para un filósofo. – En una *loggia*[110], alta sobre la mencionada *piazza*, desde la cual se ve sobre toda Roma y se oye abajo, en el fondo, el murmurar de la *fontana*, fue compuesta aquella, la más solitaria canción que jamás se ha compuesto, **La canción de la noche**; por ese tiempo siempre me rondaba una melodía de indecible melancolía, cuyo estribillo reencontré en las palabras "muerto de inmortalidad...". En el verano, vuelto al hogar, lugar sagrado, donde me había alumbrado el primer rayo del pensamiento del *Zarathustra*, encontré el segundo *Zarathustra*. Diez días bastaron; en ningún caso, ni en el primero, ni en el tercero y último, he utilizado más tiempo. Al invierno siguiente, bajo el cielo alciónico de Niza, que entonces resplandecía por primera vez en mi vida, encontré el tercer *Zarathustra* – y estaba listo[111]. Apenas un año, calculado en su totalidad. Muchos escondidos sitios y alturas del paisaje de Niza me han sido consagrados por instantes inolvidables; aquel pasaje decisivo, que lleva el título "*De viejas y nuevas tablas*", fue compuesto durante la agobiante subida desde la estación al maravilloso moruno nido de rocas Eza – la agilidad muscular era siempre máxima en mí cuando la fuerza creadora fluía más abundantemente. El **cuerpo** está entusiasmado: dejemos al "alma" fuera de juego. Frecuentemente se me ha podido ver bailar; yo podía, entonces, sin noción alguna de cansancio, caminar siete, ocho horas por las montañas. Yo dormía bien, yo reía mucho –, yo era de una robustez y una paciencia perfectas.

5.

Prescindiendo de estas obras-de-diez-días, los años durante, y sobre todo **después** del *Zarathustra*, fueron de una penuria sin igual. Se expía caro, el ser inmortal: por eso se muere uno varias veces durante la vida. – Hay algo que yo denomino la *rancune*[112] de lo grande: todo lo grande, una obra, una acción, se vuelve, una vez acabada, inmediatamente **contra** quien la hizo. Justamente por esto, porque la hizo, está él entonces **débil**, – él ya no soporta más su acción, ya no la mira más a la cara. Tener algo **detrás** de sí, que nunca debió querer, algo en lo que está atado el nudo del destino de la humanidad – ¡y tenerlo luego **encima** de sí!... Casi aplasta... ¡La *rancune* de lo grande! – Una otra cosa es el estremecedor silencio que se oye en derredor de sí. La soledad tiene siete pieles; ya nada las transpasa. Se va hacia los hombres, se saluda a los amigos: nuevo yermo, ninguna mirada saluda ya. En el mejor de los casos, una especie de revuelta. Una tal revuelta la advertí yo en grados muy diversos, pero en casi cualquiera que estaba cerca de mí; parece que nada ofende más hondo que el hacer notar de pronto una distancia, – las naturalezas **distinguidas**, que no saben vivir sin reverenciar, son escasas. – Una tercera cosa es la absurda irritabilidad de la piel a las pequeñas picaduras, una especie de desamparo ante todo lo pequeño. Esto me parece estar condicionado por la inmensa dilapidación de todas las fuerzas defensivas que toda acción **creadora**, toda acción desde lo más propio, desde lo más interno, desde lo más profuno hacia fuera, tiene como presupuesto. Las **pequeñas** capacidades defensivas quedan con esto, en cierto modo, suspendidas; ya no afluye a ellas ninguna fuerza. – Me atrevo a indicar que uno digiere peor, se mueve a desgano, está demasiado expuesto a sentimientos de frío, también a la desconfianza, – a la desconfianza, que en muchos casos es un mero yerro etiológico. En un estado semejante yo sentí, una vez, la proximidad de un rebaño de vacas, aún antes de haberlo visto, por el retorno de pensamientos más suaves, más filantrópicos: **aquello** tiene calor en sí…

6.

Esta obra es enteramente especial. Dejemos a un lado a los poetas: quizá nunca se haya hecho nada desde una prodigalidad igual de fuerzas. Mi concepto de lo "dionisíaco" devino aquí **acción suprema**; medido por ella, aparece todo el resto del quehacer humano como pobre y condicionado. Que un Goethe, un Shakespeare no sabrían respirar un sólo instante en esta inmensa pasión y altura, que Dante, confrontado con Zarathustra, es meramente un creyente y no uno que **crea** por vez primera la verdad, un espíritu que gobierna el mundo, un destino –, que los poetas del *Veda* son sacerdotes y ni siquiera dignos de desatar las sandalias de un Zarathustra, todo eso es lo menos, y no da idea de la distancia, de la soledad azur en que vive esta obra. Zarathustra tiene un derecho eterno a decir: "Yo trazo círculos en torno a mí y fronteras sagradas; cada vez menos ascienden conmigo a montañas cada vez más altas, – yo construyo una cordillera de montañas cada vez más santas"[113]. Calcúlese el espíritu y la bondad de todas las grandes almas en uno: todas juntas no estarían en condiciones de producir un discurso de Zarathustra. La escalera es inmensa por la que él asciende y desciende; él ha visto más lejos, ha querido más, ha podido más que cualquier hombre. Él contradice con cada palabra éste, el más afirmativo de todos los espíritus; en él todos los opuestos están ligados a una nueva unidad. Las fuerzas más altas y más bajas de la naturaleza humana, lo más dulce, lo más frívolo y lo más terrible brota de una fuente con inmortal seguridad. Hasta entonces no se sabe lo que es altura, lo que es profundidad; menos aún se sabe lo que es verdad. No hay ningún instante en esta revelación de la verdad que hubiera sido ya anticipado, adivinado por alguno de los más grandes. No hay ninguna sabiduría, ninguna investigación de las almas, ningún arte de hablar antes del *Zarathustra*; lo más próximo, lo más cotidiano, habla aquí de cosas inauditas. La sentencia temblando de pasión; la elocuencia devenida música; rayos lanzados anticipadamente hacia futuros aún no adivinados antes. La más poderosa fuerza para el símbolo hasta ahora habida es pobre y un juego frente a este retorno del lenguaje a la naturaleza de la figuración. – ¡Y cómo desciende Zarathustra y a cada uno dice lo más benigno! ¡Cómo él mismo toma a sus adversarios, los sacerdotes, con manos suaves y sufre con ellos por ellos! – Aquí el hombre es superado en cada instante, el concepto de "ultrahombre" se convirtió aquí en realidad suprema, – en una infinita lejanía, por **debajo** de él, yace todo aquello que hasta ahora se llamó grande en el hombre. Lo alciónico, los pies livianos, la omnipresencia de maldad y petulancia, y todo lo demás que es típico del tipo Zarathustra, jamás ha sido soñado como esencial a la grandeza. Zarathustra se siente precisamente en esa amplitud de espacio, en esa accesibilidad a lo contrapuesto, como la **especie suprema de todo lo existente**, y si se oye cómo él la define, entonces se renuncia a buscar algo semejante.

– el alma, que posee la escalera más larga y que más profundo puede descender,

el alma más amplia, la que más lejos puede correr y errar y vagar dentro de sí,

la más necesaria, que por placer se precipita en el azar,

el alma que es, la que en el devenir, la que posee, la que en el querer y en el pedir **quiere** –

la que huye de sí misma, que a sí misma se alcanza en los círculos más amplios,

el alma más sabia, a la que más dulcemente habla la locura,

la que más se ama a sí misma, en la que todas las cosas tienen su corriente y su contracorriente, su flujo y su reflujo.[114] – –

Pero esto es el concepto mismo de Dionisos. – Justamente hacia ahí conduce otra consideración. El problema psicológico del tipo de Zarathustra es, cómo aquel que, en un grado inaudito, dice no, que **hace** no, a todo aquello que hasta ahora se ha dicho sí, puede ser a pesar de ello la contraposición de un espíritu de negación; cómo el espíritu portador del destino más pesado, una tarea fatal, puede ser, a pesar de ello, el más liviano y ultraterreno –Zarathustra es un danzarín–; cómo aquel que tiene la mirada más dura, más temible de la realidad, aquel que ha pensado el "pensamiento más abismal", a pesar de todo, no encuentra en ello ninguna objeción contra el existir e incluso tampoco contra su eterno retorno – antes bien, una razón más para **ser él mismo** el sí eterno a todas las cosas, "el inmenso e ilimitado decir sí y amén"... "En todos los abismos llevo yo aún mi decir sí que bendice"... **Pero esto es, una vez más, el concepto de Dionisos.**

7.

- ¿Qué lenguaje hablará tal espíritu cuando hable él solo consigo mismo? El lenguaje del **ditirambo.** Yo soy el inventor del ditirambo. Óigase cómo habla Zarathustra consigo mismo **antes de la salida del sol** (III, 18): una tal felicidad esmeraldina, una tal divina ternura no la tuvo lengua alguna antes de mí. Aún la más profunda melancolía de tal Dionisos se convierte ditirambo; yo tomo, como signo, **"La canción de la noche"**, el inmortal lamento de estar condenado, por la sobreabundancia de luz y de poder, por su naturaleza **solar**, a no amar.

Es de noche: ahora hablan más fuerte todos los manantiales. Y también mi alma es un manantial.

Es de noche: recién ahora se despiertan todas las canciones de los amantes. Y también mi alma es la canción de un amante.

Algo intranquilo, intranquilizable hay en mí, que quiere hablar. Una apetencia de amor hay en mí, que habla asimismo el lenguaje del amor.

Luz soy yo: ¡ay, que yo fuera noche! Pero ésta es mi soledad, el estar circundado de luz.

¡Ay, que yo fuese oscuro y nocturno! ¡Cómo querría mamar los pechos de la luz!

¡Y aún a ustedes mismas iba a bendecirlas, a ustedes pequeñas estrellas centelleantes y gusanos relucientes allá arriba! – y a ser bienaventurado por sus regalos de luz.

Pero yo vivo dentro de mi propia luz, yo reabsorbo en mí todas las llamas que de mí rompen.

Yo no conozco la felicidad del que toma; y a menudo he soñado que robar debe ser aún más bienaventurado que tomar.

Ésta es mi pobreza, el que mi mano nunca descansa de dar; ésta es mi envidia, el que veo ojos expectantes y las despejadas noches de anhelo.

¡Oh desventura de todos los que regalan! ¡Oh eclipse de mi sol! ¡Oh ansia de ansiar! ¡Oh hambre ardiente en la saciedad!

Ellos toman de mí: ¿pero toco yo aún su alma? Una si-

ma hay entre tomar y dar; y la sima más pequeña es la última de cruzar.

Un hambre crece de mi belleza: daño quisiera causar a quienes ilumino, saquear quisiera a quienes regalo: – así es mi hambre de maldad.

Retirar la mano cuando ya otra mano se extiende hacia ella; igual a la cascada, que vacila aún en la caída: así es mi hambre de maldad.

Tal venganza imagina mi plenitud; tal perfidia brota de mi soledad.

¡Mi felicidad en regalar ha muerto en el regalar, mi virtud se ha cansado de sí misma por su prodigalidad!

Quien siempre regala corre el peligro de perder el pudor; quien siempre reparte tiene callos en las manos y en el corazón de tanto repartir.

Mis ojos ya no manan lágrimas ante la vergüenza de los que piden; mi mano se ha vuelto demasiado dura para el temblar de manos llenas.

¿Adónde han ido la lágrima de mi ojo y el plumón de mi corazón? ¡Oh soledad de todos los que regalan! ¡Oh silencio de todos los que brillan!

Muchos soles giran en el espacio yermo: a todo lo que es oscuro le hablan con su luz, – para mi callan.

Oh, ésta es la enemistad de la luz contra lo que brilla, despiadadamente recorre sus órbitas.

Inicuo en lo más hondo de su corazón contra lo que brilla, frío con los soles, – así pasea cada sol.

Semejantes a una tempestad recorren los soles sus órbitas, ellos siguen su voluntad inexorable, ésa es su frialdad.

¡Oh, ustedes son en principio los oscuros, los nocturnos, que producen calor de lo que brilla! ¡Oh, ustedes en principio beben leche y solaz de las ubres de la luz!

¡Ay, hielo hay a mi alrededor, mi mano se abrasa en lo helado! ¡Ay, en mí hay sed, que desfallece por la sed de ustedes!

Es de noche: ¡ay, que deba yo ser luz! ¡Y sed por lo nocturno! ¡Y soledad!

Es de noche: ya brota de mí, cual fuente, mi deseo, – por hablar es lo que deseo.

Es de noche: ya hablan más fuerte todos los manantiales. Y también mi alma es un manantial.

Es de noche: ya se despiertan todas las canciones de los amantes. Y también mi alma es la canción de un amante.

_115

8.

Nada igual se ha compuesto nunca, ni sentido nunca, ni **padecido** nunca: así sufre un dios, un Dionisos. La respuesta a este ditirambo del aislamiento solar en la luz sería Ariadna... ¡Quién sabe, excepto yo, qué es Ariadna!... De todos estos enigmas nadie tuvo hasta ahora la solución, dudo que alguien aquí aún siquiera viera enigmas. – Zarathustra determina una vez, con tal rigor, su tarea –es también la mía– que no podemos equivocarnos sobre el **sentido**: él **dice sí** hasta la justificación, hasta la redención incluso de todo lo pasado.

Yo camino entre los hombres como entre los fragmentos del futuro: de aquel futuro que yo miro.

Y esta es toda mi poesía y aspiración, que yo componga y reúna en uno lo que es fragmento y enigma y espantoso azar.

¿Y cómo soportaría yo ser hombre, si el hombre no fuese también poeta y adivinador de enigmas y el redentor del azar?

Redimir a los que han pasado, *y transformar todo "Así fue" en un "¡Así lo quise yo!" – sólo a esto llamaría redención.*[116]

En otro pasaje determina él con el máximo rigor posible lo único que para él puede ser "el hombre" –ningún objeto de amor ni mucho menos de compasión– también el gran asco en el hombre llegó a dominar Zarathustra: el hombre es para él un informe, un material, una fea piedra que requiere del escultor.

*¡No-*querer*-más y no-*estimar*-más y no-*crear*-más! ¡Oh, que ese cansancio permanezca siempre lejos de mí!*

También en el conocer yo siento sólo de mi voluntad el placer de engendrar y devenir; y si hay inocencia en mi conocimiento, eso ocurre porque hay en él voluntad de engendrar.

Lejos de Dios y de los dioses me atrajo esa voluntad: ¿qué habría pues para crear si los dioses – estuviesen ahí?

Pero hacia el hombre siempre de nuevo me empuja mi ardiente voluntad de crear; así se siente implusado el martillo hacia la piedra.

¡Ay, hombres, en la piedra duerme para mí una ima-

> *gen, la imagen de imágenes! ¡Ay, que ella deba dormir en la piedra más dura, más fea!*
>
> **Ya mi martillo se enfurece cruelmente contra su prisión.** *De la piedra saltan pedazos: ¡qué me importa éso!*
>
> *Yo quiero concluirlo: pues una sombra vino hasta mí - ¡de todas las cosas la más silenciosa y más liviana vino una vez a mí!*
>
> *La belleza del ultrahombre vino hasta mí como una sombra. ¡Qué me importan ya – los dioses!...*[117]

Destaco un último punto de vista: el verso subrayado da ocasión para ello. Para una tarea **dionisíaca** corresponde la dureza del martillo, el **placer mismo de exterminar** pertenece de manera decisiva a las condiciones previas. El imperativo "¡Endurézcanse!", la más honda certeza **de que todos los creadores son duros**, es la auténtica marca de una naturaleza dionisíaca. –

Más allá del bien y del mal

Preludio de una filosofía del futuro

1.

La tarea de los años siguientes estaba ya trazada de la manera más rigurosa posible. Después que la parte de mi tarea que dice sí estaba resuelta, le llegaba el turno a la que dice no, la mitad **que hace no**: la misma transvaloración de los valores habidos hasta ahora, la gran guerra, – el conjuro de un día de la decisión. Aquí está incluida la lenta mirada en torno en busca de parientes, de aquellos que desde la fuerza me habrían de ofrecer la mano para **exterminar**. – De ahí en más todos mis escritos son anzuelos: ¿quizá entienda yo mejor que nadie sobre pesca?... Si nada ha **picado**, la culpa no es mía. **Faltaban los peces**...

2.

Este libro (1886) es en todo lo esencial una **crítica a la modernidad**, no excluidas las ciencias modernas, las artes modernas, ni siquiera la política moderna, y junto a indicaciones de un tipo contrapuesto, que es lo menos moderno posible, un tipo distinguido, un tipo que dice sí. En este último sentido el libro es una **escuela del** *gentilhomme*[118], tomando este concepto de manera más espiritual **y más radical** de lo que jamás ha sido tomado. Hay que tener coraje en el cuerpo aún sólo para soportarlo, no hay que haber aprendido a temer... Todas las cosas, de las que la época está orgullosa, son sentidas como contradicción respecto a ese tipo, casi como malos modales, la famosa "objetividad" por ejemplo, la "compasión por todos los que sufren", el "sentido histórico" con su sumisión ante el gusto ajeno, con su yacer-sobre-el-vientre ante *petits faits*[119], el "cientificismo". Si se considera que el libro viene **después** del *Zarathustra*, así se adivinará quizá también el *régime*[120] dietético a que debe su origen. El ojo, mal acostumbrado por una inmensa coerción a mirar **lejos** –Zarathustra ve más lejos aún que el Zar–, es aquí obligado a captar con precisión lo más cercano, el tiempo, lo que **nos rodea**. Se encontrará en todas las partes, sobre todo también en la forma, un similar alejamiento **arbitrario** de aquellos instintos, desde los cuales fue posible un *Zarathustra*. El refinamiento en la forma, en la intención, en el arte de callar, está en primer plano, la psicología es manejada con dureza y crueldad confesas, – el libro carece de toda palabra benévola... Todo esto recrea: ¿quién adivina, finalmente, **qué** tipo de recuperación se hace necesaria tras una dilapidación tal de bondad como es el *Zarathustra*?... Dicho teológicamente, –escúchese con atención, pues yo hablo raras veces como teólogo– fue Dios mismo quien, al final de su jornada de trabajo, se tendió con forma de serpiente bajo el árbol del conocimiento: así se recuperaba de ser Dios... Había hecho todo demasiado bello... El diablo es meramente el ocio de Dios cada séptimo día...

Genealogía de la moral

Un escrito polémico

Los tres tratados[121] de los que consta esta genealogía son acaso, con respecto a la expresión, intención y arte de la sorpresa, lo más tenebroso que hasta ahora se ha escrito. Dionisos es también, esto se sabe, el dios de las tinieblas. – Cada vez hay un comienzo que **debe** inducir a errar, frío, científico, incluso irónico, intencionadamente en primer plano, intencionadamente entretenido. Gradualmente, más intranquilidad; relámpagos aislados; desde lejos muy desagradables verdades se van haciendo oír con un sordo gruñido, – hasta que finalmente se alcanza un *tempo feroce*[122], en el que todo empuja hacia delante con inmensa tensión. Al final de cada una de las veces, bajo detonaciones completamente estremecedoras, una **nueva** verdad se hace visible entre gruesas nubes. – La verdad del **primer** tratado es la psicología del cristianismo: el nacimiento del cristianismo a partir del espíritu del resentimiento, **no** a partir del "espíritu", como de ordinario se cree, – un contramovimiento por su esencia, la gran sublevación contra el dominio de los valores **nobles**. El **segundo** tratado ofrece la psicología de la **conciencia**: la misma **no** es, como de ordinario se cree, "la voz de Dios en el hombre", – es el instinto de la crueldad, que se vuelve hacia atrás después que ya no puede seguir descargándose más hacia fuera. La crueldad, sacada a la luz aquí por vez primera como uno de los más antiguos e inimpensables cimientos de la cultura. El **tercer** tratado da respuesta a la pregunta, de dónde procede el inmenso **poder** del ideal ascético, del ideal sacerdotal, a pesar de que el mismo es el **más nocivo** ideal *par excellence*, una voluntad de final, un ideal de *décadence*. Respuesta: **no** porque Dios esté activo detrás de los sacerdotes, como se cree de ordinario, sino *faute de mieux*[123], – porque hasta ahora fue el único ideal, porque no tuvo ningún competidor. "Pues el hombre aún prefiere querer la nada a **no** querer..."[124] Ante todo, faltaba un **contra-ideal** – **hasta Zarathustra**. Se me ha entendido. Tres decisivos trabajos preliminares de un psicólogo para una transvaloración de todos los valores. – Este libro contiene la primera psicología del sacerdote.

Crepúsculo de los ídolos

Cómo se filosofa con el martillo

1.

Este escrito, de ni siquiera 150 páginas, jovial y fatal en el tono, un demonio que ríe –, una obra de tan pocos días que tomo reparo en decir su número, es la excepción en absoluto entre libros: no hay nada más sustancioso, más independiente, más demoledor, – más malvado. Si uno se quiere formar brevemente una idea de cómo, antes de mí, todo estaba de cabeza, así hágase el comienzo con este escrito. Lo que en la portada se denomina **ídolo**, es simplemente lo que hasta ahora ha sido llamado verdad. **Crepúsculo de los ídolos** – dicho claramente: la vieja verdad se acerca a su final...

2.

No hay ninguna realidad, ninguna "idealidad" que no sea tocada en este escrito (– tocada: ¡qué eufemismo tan previsor!...). No sólo los ídolos **eternos**, también los más recientes, consecuentemente los más decrépitos. Las "ideas modernas", por ejemplo. Un gran viento sopla entre los árboles y por todas partes caen frutos al suelo – verdades.

Hay en ello la dilapidación de un otoño demasiado rico: se tropieza con verdades, incluso se pisan algunas hasta morir, – hay demasiadas... Pero lo que se recibe en las manos, ya no es nada cuestionable, son decisiones. Yo tengo por primera vez en mis manos el metro para medir "verdades", yo **puedo** decidir por primera vez. Como si en mí hubiera crecido una **segunda conciencia**, como si en mí "la voluntad" se hubiera encendido una luz sobre el trayecto **inclinado** por el que hasta ahora descendía... El trayecto **inclinado** – se lo llamaba el camino hacia la "verdad"... Se ha llegado a un fin con todo "impulso oscuro", precisamente el hombre **bueno** era el que menos conciencia tenía del camino correcto... Y con toda seriedad, nadie sabía antes de mí el camino correcto, el camino **ascendente**: recién a partir de mí hay de nuevo esperanzas, tareas, caminos que prescribir a la cultura – **yo soy su alegre mensajero**... Justamente con ello soy también un destino. – –

3.

Inmediatamente después de finalizada la mencionada obra, y sin perder también un solo día, emprendí la inmensa tarea de la **Transvaloración**, con un soberano sentimiento de orgullo, al que nada se iguala, conciente a cada instante de mi inmortalidad y grabando signo tras signo, con la seguridad de un destino, en tablas diamantinas de bronce. El prólogo es del 3 de septiembre de 1888: cuando por la mañana, después de haberlo escrito, salí al aire libre, encontré ante mí el día más hermoso que la Alta Engadina jamás me ha mostrado – transparente, de colores encendidos, implicando en sí todos los contrastes, todos los grados intermedios entre el hielo y el sur. – Recién el 20 de septiembre abandoné Sils-María, retenido por inundaciones, siendo al final por lejos el único huésped de ese maravilloso lugar, al que mi agradecimiento quiere hacer el regalo de un nombre inmortal. Después de un viaje con incidentes intermedios, incluso con peligro para la vida, en el inundado Como, a donde recién arribé muy entrada la noche, llegué en la tarde del día 21 a Turín, mi lugar **probado**, mi residencia a partir de entonces. Tomé de nuevo la misma vivienda que había ocupado durante la primavera, via Carlo Alberto 6, III, frente al imponente *palazzo Carignano*, en el que nació Vittorio Emanuele, con vista a la *piazza Carlo Alberto* y, por encima de ella, a las colinas. Sin vacilar y sin dejarme distraer un instante me lancé de nuevo al trabajo: tan sólo quedaba por concluir el último cuarto de la obra. El 30 de septiembre, gran victoria; conclusión de la *Transvaloración*; ociosidad de un dios a lo largo del Po. Ese mismo día aún escribí el **prólogo**[125] para el *Crepúsculo de los ídolos*, cuya corrección de galeradas había sido mi recreación en septiembre. – Yo nunca he vivido un otoño semejante, ni tampoco he considerado que algo de esta especie fuera posible en la Tierra, – un Claude Lorrain pensado hasta el infinito, cada día de una idéntica perfección indómita. –

El caso Wagner[126]

Un problema de musicantes

1.

Para ser justos con este escrito hay que sufrir con el destino de la música como con una herida abierta – ¿**De qué sufro**, cuando sufro del destino de la música? De que la música ha sido desposeída de su carácter transfigurador del mundo, de su carácter afirmativo, – de que es música-*décadence* y ya no más la flauta de Dionisos... Suponiendo, sin embargo, que se sienta de tal manera la causa de la música como su causa **propia**, como su **propia** historia del sufrimiento, se encontrará este escrito lleno de consideraciones y sobremedida suave. En tales casos, el ser jovial y el burlarse bondadosamente de sí mismo – *ridendo dicere severum*[127], allí donde el *verum dicere*[128] justificaría toda dureza – es la humanidad en persona. ¿Quién duda propiamente de que yo, como viejo artillero que soy, tengo la posibilidad de disparar contra Wagner mi artillería **pesada**? – Yo retuve en mí todo lo decisivo en este asunto, – yo he amado a Wagner. – En definitiva, al sentido y al camino de mi tarea corresponde un ataque a un "desconocido" más fino, que otro no adivinaría fácilmente –oh, yo tengo que desenmascarar a otros "desconocidos" totalmente distintos que a un Cagliostro[129] de la música–, y más aún ciertamente, un ataque a la nación alemana, la que, en las cosas del espíritu, se vuelve cada vez más perezosa, más pobre de instintos, cada vez más **honrada**, la que con un apetito envidiable avanza alimentándose de contraposiciones y, sin molestias en la digestión, engulle con gusto tanto "la fe" como el cientificismo, el "amor cristiano" como el antisemitismo, la voluntad de poder (de "*Reich*") como el *évangile des humbles*[130]… ¡Esa falta de parcialidad entre las contraposiciones! ¡Esa neutralidad y "altruismo" estomacales! Ese sentido justo del **paladar** alemán, que a todo otorga iguales derechos, – que todo lo encuentra sabroso… Sin duda alguna, los alemanes son idealistas… La última vez que visité Alemania encontré al gusto alemán esforzándose en reconocer similares derechos a Wagner y a *El trompetero de Säckingen*[131]; yo mismo fui testigo de primera mano de cómo en Leipzig, para honrar a uno de los músicos más auténticos y más alemanes, alemán en el viejo sentido de la palabra, no un mero alemán del *Reich*, el maestro **Heinrich Schültz**, se fundó una Sociedad Liszt, con el fin de cultivar y difundir **artera**[132] música de iglesia… Sin duda alguna, los alemanes son idealistas…

2.

Pero aquí nada me ha de impedir ponerme grosero y decirles a los alemanes unas cuantes verdades duras: **¿quién lo hace si no**? – Yo hablo a su desvergüenza *in historicis*[133]. No sólo que a los historiadores alemanes se les haya perdido totalmente la visión **grande** para la andadura, para los valores de la cultura, que todos ellos sean bufones de la política (o de la Iglesia –): esa visión grande ha sido incluso **desterrada** por ellos. Primero se debe ser "alemán", ser "raza", luego se puede decidir sobre todos los valores y no-valores *in historicis* – se los establece... "Alemán" es un argumento, "*Deutschland, Deutschland über alles*"[134] es un principio, los germanos son "el orden moral del mundo" en la historia; en relación con el *imperium romanum*[135] son los portadores de la libertad, en relación con el siglo XVIII son los restauradores de la moral, del "imperativo categórico"... Hay una historiografía del *Reich* alemán, hay, me temo, incluso, una historiografía antisemita, – hay una historiografía de **corte**, y el señor von Treitschke no se avergüenza... Recientemente un juicio-idiota *in historicis*, una frase del, por suerte ya difunto, esteta suabo Vischer[136], dio la vuelta por los periódicos alemanes como una "verdad" a la que todo alemán **debía decir sí**. "El Renacimiento y la Reforma [protestante], ambas juntas recién constituyen un todo – el renacer estético **y** el renacer moral". – Con tales frases mi paciencia llega a su fin; y siento ganas, lo siento incluso como deber, el decir de una vez a los alemanes todo **lo que** ya tienen sobre su conciencia. **¡Todos los grandes crímenes contra la cultura de los cuatro siglos tienen ellos sobre su conciencia!...** Y siempre por el mismo motivo, por su más interna **cobardía** frente a la realidad, que también es la cobardía frente a la verdad, por su falta de veracidad, que en ellos se ha convertido en instinto, por "idealismo"... Los alemanes han hecho perder a Europa la cosecha, han hecho perder el sentido de la última **gran** época, la época del Renacimiento, en un instante en que un orden superior de los valores, donde los valores distinguidos, los que dicen sí a la vida, los que garantizan el futuro, habían alcanzado la victoria en la sede de los valores contrapuestos, de los **valores del ocaso** – **¡y hasta en los instintos de los que allí se asentaban**! Lutero, esa fatalidad de monje, restauró la Iglesia y, lo que es mil veces peor, el cristianismo, en el instante **en que sucumbía**... ¡El cristianismo, esa **negación de la voluntad de vida** devenida religión!... Lutero, un monje imposible que por motivos de su propia "imposibilidad" atacó a la Iglesia y – ¡consecuentemente!– la restauró... Los católicos tendrían motivos para celebrar fiestas a Lutero, para componer obras a Lutero... Lutero – ¡y el "renacimiento moral"! ¡Al diablo con toda la psicología! – Sin duda, los alemanes son idealistas. – Por dos veces, justo cuando con inmensa valentía y autosuperación se había alcanzado un modo de pensar honrado, inequívoco, prefectamente científico, los alemanes han sabido encontrar caminos tortuosos hacia el viejo "ideal", reconciliaciones entre verdad e "ideal", en el fondo fórmulas para el derecho a rechazar la ciencia, para el derecho a la **mentira**. Leibniz y Kant, – ¡esos dos más grandes obstáculos para la integridad intelectual de Europa! – Finalmente, cuando sobre el puente entre dos siglos de *décadence* se hizo visible una *force majeure*[137] de genio y voluntad, suficientemente fuerte para hacer de Europa una unidad, una unidad política y **económica**, con la meta de constituir el gobierno de la Tierra, los alemanes, con sus "guerras de liberación", han hecho perder a Europa el sentido, el milagro de sentido que hay en la existencia de Napoleón – con ello tienen sobre su conciencia todo lo que vino, todo lo que hoy es, esa enfermedad y esa sinrazón, la **más contraria a la cultura**, que existen, el nacionalismo, esa **névrose nationale**[138] de la que Europa está enferma, esa perpetuación de los pequeños Estados de Europa, de la **pequeña** política: ellos han hecho perder a Europa incluso su sentido, su **razón** – ellos la han llevado a un callejón sin salida. – ¿Conoce alguien, fuera de mí, un camino para salir del callejón?… ¿Una tarea lo suficientemente grande para **unir** de nuevo a los pueblos?…

3.

Y por último, ¿por qué no habría de dar la palabra a mi sospecha? Los alemanes, también en mi caso, nuevamente intentarán todo para que de un destino inmenso nazca un ratón. Hasta ahora ellos se han comprometido conmigo, yo dudo que en el futuro lo hagan mejor. – ¡Ah, cuánto deseo ser en esto un **mal** profeta!… Mis lectores y oyentes naturales ya son ahora rusos, escandinavos y franceses, – ¿lo serán cada vez más? – Los alemanes están inscriptos, en la historia del conocimiento, sólo con nombres ambiguos, ellos siempre han producido sólo falsarios inconscientes (– Fichte, Schelling, Schopenhauer, Hegel, Schleiermacher merecen esa palabra, tan bien como Kant y Leibniz; todos ellos son meros fabricantes de velos[139] –): ellos no deben tener nunca el honor de que el primer espíritu **recto** en la historia del espíritu, el espíritu en el que la verdad viene a juicio sobre los falsarios de cuatro milenios, sea incluido en uno con el espíritu alemán. El "espíritu alemán" es **mi** aire viciado: respiro con dificultad en la cercanía de esa suciedad *in psychologicis* devenida instinto, que se delata en cada palabra, en cada gesto de un alemán. Ellos no han pasado jamás un siglo XVII de duro autoexamen, como los franceses, un La Rochefoucauld, un Descartes son cien veces superiores en integridad a los primeros alemanes, – ellos no han tenido hasta ahora ningún psicólogo. Pero la psicología es casi el metro de medida de la **pureza** o **impureza** de una raza... Y cuando ni siquiera se es limpio, ¿cómo se habría de tener **profundidad**? Con el alemán, casi como con la mujer, nunca se llega al fondo, **él no lo tiene**: eso es todo. Pero con esto ni siquiera se es superficial. – Esto, que en Alemania se llama "profundo", es exactamente esa suciedad instintiva contra sí mismo, de la que justamente hablo: no se **quiere** estar en claro sobre sí mismo. ¿No podría yo proponer a la palabra "alemán" como moneda internacional para **esa** depravación psicológica? – En este instante, por ejemplo, el emperador alemán dice que es su "deber cristiano" el liberar a los esclavos en África: entre nosotros, los **otros** europeos, eso se llamaría sencillamente "alemán"... ¿Han producido los alemanes tan sólo un libro que tenga profundidad? Incluso el concepto para aquello que en un libro es profundo, se les escapa. He conocido eruditos que consideraban profundo a Kant; me temo que en la corte prusiana se considere profundo al señor von Treitschke. Y cuando yo he elogiado ocasionalmente a Stendhal como psicólogo profundo, me he encontrado con profesores universitarios alemanes, que me han hecho deletrearles el nombre...

4.

– ¿Y por qué no habría yo de ir hasta el final? Me agrada hacer tabla rasa. Incluso forma parte de mi ambición el ser considerado como despreciador *par excellence* de los alemanes. Mi **desconfianza** contra el carácter alemán ya la manifesté a los veintiseis años (tercera *Intempestiva*, p. 71)[140] – para mí los alemanes son imposibles. Cuando me imagino una especie de hombre que contradice a todos mis instintos, de ello siempre sale un alemán. Lo primero sobre lo que "sondeo los riñones" de un hombre, es ver si tiene en el cuerpo un sentimiento para la distancia, si en todas partes ve rango, grado, orden entre hombre y hombre, si **distingue**: con esto se es *gentilhomme*; en cualquier otro caso se pertenece irremisiblemente al tan magnánimo, ¡ay! tan bondadoso concepto de *canaille*. Pero los alemanes son *canaille* – ¡ay! ellos son tan bondadosos... Uno se degrada por el trato con alemanes: el alemán **nivela**... Si excluyo mi trato con algunos artistas, sobre todo con Richard Wagner, no he vivido ni una sola hora buena con alemanes... Suponiendo que apareciese entre los alemanes el espíritu más profundo de todos los milenios, cualquier salvadora del Capitolio presumiría que su muy poco bella alma tendría al menos idéntica consideración... No soporto a esta raza, con la cual siempre se está en mala compañía, que no tiene dedos para las *nuances* –¡ay de mí!, yo soy una *nuance*–, que no tiene *esprit* en los pies y ni siquiera puede caminar... Los alemanes, en definitiva, ni siquiera tienen pies, sólo tienen meras piernas... Los alemanes no tienen idea de cuán vulgares son, pero esto es el superlativo de la vulgaridad – ni siquiera se avergüenzan de ser meros alemanes… Hablan de todo, se consideran a sí mismos decisivos, me temo que incluso han decidido sobre mí… – Mi vida entera es la prueba *de rigueur* de tales afirmaciones. Es inútil que yo busque en él una señal de tacto, de *délicatesse* para conmigo. De judíos sí, todavía nunca de alemanes. Mi modo de ser quiere que yo sea suave y benévolo con todo el mundo – tengo derecho a ello, a no hacer diferencia–: esto no impide que tenga los ojos abiertos. Yo no exceptúo a nadie, y mucho menos a mis amigos, – ¡espero, en definitiva, que esto no haya quebrado mi humanidad para con ellos! Hay cinco, seis cosas de las cuales he hecho siempre una cuestión de honor. A pesar de ello, es cierto que casi todas las cartas que recibo desde hace años me parecen un cinismo: hay más cinismo en la benevolencia para conmigo que en cualquier odio… Yo se lo digo a cada uno de mis amigos en la cara, que jamás ha considerado de suficiente valor el esfuerzo de estudiar alguno de mis escritos; adivino, por signos más pequeños, que ni siquiera saben lo que hay dentro de ellos. En lo que concierne a mi *Zarathustra*, ¿quién de mis amigos hubiera visto allí algo más que una presunción ilícita, por suerte completamente indiferente?… Diez años: y nadie en Alemania se ha hecho de esto un deber de conciencia, el de defender mi nombre contra el silencio absurdo bajo el que yacía sepultado: un extranjero, un danés, fue quien ha sido el primero en tener suficiente finura de instinto y coraje para indignarse contra mis presuntos amigos… ¿En qué universidad alemana serían posibles hoy lecciones sobre mi filosofía, como en la última primavera las ha dado en Copenhague el doctor Georg Brandes[141], demostrando con ello una vez más ser psicólogo? Yo mismo no he sufrido nunca por todo esto; lo **necesario** no me hiere; *amor fati* es mi naturaleza más interna. Pero esto no excluye que ame la ironía, incluso la ironía de la historia universal. Y así, aproximadamente dos años antes del rayo destructor de la **Transvaloración**, que trastocará a la tierra en convulsiones, he destinado al mundo *El caso Wagner*: los alemanes deberían atentar una vez más inmortalmente contra mí, ¡y **eternizarse**!; ¡justo aún hay tiempo para ello! – ¿Se ha conseguido esto? – ¡Encantador, mis señores germanos! Les doy la enhorabuena… Acaba de escribirme también, para que no falten siquiera los amigos, una antigua amiga, ella se **ríe** ahora de mí… Y esto, en un instante en que pesa sobre mí una responsabilidad indecible, – en que ninguna palabra puede ser suficientemente delicada, ninguna mirada suficientemente respetuosa conmigo. Pues yo llevo el destino de la humanidad sobre mis espaldas. –

Por qué soy un destino

1.

Yo conozco mi suerte. Alguna vez el recuerdo de algo inmenso irá unido a mi nombre, – de una crisis como ninguna hubo en la tierra, de la más profunda colisión de conciencia, de una decisión conjurada **contra** todo lo que hasta allí se había creído, exigido, santificado. Yo no soy un hombre; yo soy dinamita. – Y con todo esto, nada hay en mí de un fundador de religiones. – Las religiones son asuntos de la plebe, yo tengo necesidad de lavarme las manos, después del contacto con hombres religiosos... Yo no **quiero** "creyentes"; yo pienso que soy demasiado malvado para creer en mí mismo, yo jamás hablo a las masas... Tengo un miedo espantoso de que algún día se me declare **santo**: se adivinará por qué yo publico este libro **antes**, debe evitar que se cometan abusos conmigo. Yo no quiero ser un santo; prefiero antes ser un bufón... Quizá soy un bufón... Y a pesar de eso, o mejor, **no** a pesar de eso, –pues no ha habido hasta ahora nada más embustero que los santos–, la verdad habla en mí. – Pero mi verdad es **terrible**: pues hasta ahora, se llamó a la **mentira** verdad, – **Transvaloración de todos los valores**: esta es mi fórmula para un acto de suprema autognosis de la humanidad, que en mí se ha convertido carne y genio. Mi suerte quiere que yo deba ser el primer hombre **decente**, que yo me sepa en contradicción contra la mendacidad de milenios... Recién yo he **descubierto** la verdad, debido a que yo primero sentí –**olí**– la mentira como mentira... Mi genio está en mis ollares... Yo contradigo como jamás se ha contradicho y, sin embargo, soy lo contrapuesto de un espíritu que dice no. Yo soy un **alegre mensajero** como no hubo ningún otro, yo conozco tareas de una altura, que ha faltado hasta ahora el concepto para ellas; recién a partir de mí hay de nuevo esperanzas. Con todo esto, soy yo necesariamente también el hombre de la fatalidad. Pues cuando la verdad entre en lucha con la mentira de milenios, tendremos conmociones, un espasmo de terremotos, un desplazamiento de montañas y de valles, tales como nunca se ha soñado. El concepto de política queda entonces totalmente absorbido en una guerra de espíritus, todas las formaciones de poder de la vieja sociedad son estalladas por el aire – todas ellas se basan en la mentira: habrá guerras como nunca las ha habido en la tierra. Recién a partir de mí hay sobre la tierra la **gran política**. –

2.

¿Se quiere una fórmula de un destino tal, que se **convierte en hombre**? – Ello se encuentra en mi *Zarathustra*.

> ***–y quien quiera ser un creador en el bien y en el mal, ése debe ser primero un exterminador y quebrantar valores.***

Así el supremo mal forma parte de la bondad suma; ésta empero es la creadora.[142]

Yo soy, por lejos, el hombre más terrible que ha habido hasta ahora; esto no excluye que yo llegue a ser el más benéfico. Conozco el placer de **exterminar** en un grado que corresponde a mi **fuerza** para exterminar – en ambos casos obedezco a mi naturaleza dionisíaca, la cual no sabe separar el hacer no del decir sí. Yo soy el primer **inmoralista**: con esto soy el **exterminador** *par excellence*. –

3.

No se me ha preguntado, se debería haberme preguntado, qué significa justamente en mi boca, en la boca del primer inmoralista, el nombre **Zarathustra**: pues lo que constituye la inmensa singularidad de aquel persa en la historia, es justamente lo contrario al respecto. Zarathustra fue el primero en ver que la auténtica rueda en el mecanismo de las cosas es la lucha del bien y del mal, – la transposición de la moral en lo metafísico, como fuerza, causa, finalidad en sí, es **su** obra. Pero esta pregunta sería ya, en el fondo, la respuesta. Zarathustra **creó** ese, el más fatal error, la moral: en consecuencia también debe ser él el primero, quien lo **reconoce**. No sólo que él aquí tiene la más larga y mayor experiencia que cualquier otro pensador –si toda la historia es la refutación experimental de la proposición de la así llamada "ordenación moral del mundo"– : lo más importantes es que Zarathustra es más veraz que cualquier otro pensador. Su doctrina, y solo ella, tiene a la veracidad como virtud suprema – esto significa la contraposición de la **cobardía** del "idealista", que ante la realidad emprende la huída, Zarathustra tiene más valentía en el cuerpo que todos los pensadores juntos. Decir la verdad y **disparar bien con flechas**, esa es la virtud persa. – ¿Se me entiende?… La autosuperación de la moral por veracidad, la autosuperación del moralista en su contraposición –en **mí**– eso significa en mi boca el nombre Zarathustra.

4.

En el fondo son dos las negaciones que mi palabra **inmoralista** encierra en sí. Yo niego por un lado un tipo de hombre, el que valía hasta ahora como el supremo, los **buenos**, los **benévolos**, los **benéficos**; por otro lado, yo niego una especie de moral en sí que ha alcanzado vigencia y dominio, – la moral de la *décadence*, hablando de modo más tangible, la moral **cristiana**. Sería lícito observar a la segunda contradicción como la más decisiva, ya que la sobrevaloración de la bondad y de la benevolencia, en grandes rasgos, vale para mí como consecuencia de la *décadence*, como síntoma de debilidad, incompatible con una vida ascendente y afirmativa: negar **y exterminar** son condición del decir sí. – Por lo pronto yo me detengo en la psicología del hombre bueno. Para estimar lo que vale un tipo de hombre hay que calcular el precio que cuesta su conservación, – hay que conocer sus condiciones de existencia. La condición de existencia de los buenos es la **mentira** – : expresado de otra manera, el no-**querer**-ver, a cualquier precio, como está constituída en el fondo la realidad, es decir, **no** de tal modo que a toda hora suscite instintos benevolentes, y menos aún de tal modo que permita a toda hora la intervención de manos miopes y bonachonas. Considerar a las **penurias** de toda especie en general como objeción, como algo que se debe **eliminar**, es la *niaiserie par excellence*[143], en grandes rasgos, una verdadera desgracia en sus consecuencias, un destino de necedad – , casi tan necio como el querer eliminar el mal tiempo – por compasión, por ejemplo, con la pobre gente… En la gran economía del todo, las cosas terribles de la realidad (en los afectos, en los apetitos, en la voluntad de poder) son en incalculable medida más necesarios que aquella forma de pequeña felicidad, la así llamada "bondad"; incluso se debe ser indulgente para conceder en absoluto a esta última un lugar, ya que está condicionada en la mendacidad del instinto. Yo voy a tener un gran motivo para demostrar las consecuencias desmesuradamente siniestras del **optimismo**, ese engendro del *homines optimi*[144] en la historia entera. Zarathustra, el primero que comprendió que el optimista es igual de *décadent* que el pesimista, y quizá más dañino, dice: **los hombres buenos no dicen nunca la verdad. Falsas costas y seguridades les han enseñado a ustedes los buenos; en mentiras de los buenos han sido ustedes nacidos y cobijados. Todo está falseado y deformado hasta el fondo por los buenos.**[145] Por suerte el mundo no está construído sobre instintos tal que, precisamente, sólo el bonachón animal de rebaño encuentre en él su estrecha felicidad; exigir que todo se convierta en "buen hombre", animal de rebaño, ojiazul, benévolo, "alma bella" – o, como lo desea el señor Herbert Spencer, altruista, significaría quitar a la existencia su **gran** carácter, significaría castrar a la humanidad y rebajarla a una miserable chinería. **¡Y esto se ha intentado!... Justamente a esto se ha llamado moral...** En este sentido nombra Zarathustra a los buenos, pronto "los últimos hombres", pronto el "comienzo del fin"; ante todo él los considera como **la especie más dañina del hombre**, porque imponen su existencia tanto a costa de la **verdad** como a costa del **futuro.**

> *Los buenos – esos no pueden* **crear**, *esos son siempre el principio del fin–*
>
> *– ellos crucifican a aquel que escribe* **nuevos** *valores sobre nuevas tablas, ellos* **se** *sacrifican el futuro, ¡ellos crucifican todo el futuro de los hombres!*
>
> *Los buenos – esos fueron siempre el principio del fin...*
>
> *Y cualquiera sea el daño que los difamadores del mundo quieran hacer,* **el daño de los buenos es el daño más dañino.**[146]

5.

Zarathustra, el primer psicólogo de los buenos, es –en consecuencia– un amigo de los malos. Si una especie-*décadence* de hombre ascendió al rango de especie suprema, así pudo acontecer esto sólo a costa de una especie-contrapuesta, una especie de hombre fuerte y vitalmente segura. Si el animal de rebaño reluce en el brillo de la más pura virtud, así debe ser desvalorizado el hombre-excepción hacia lo malo. Si la mendacidad exige a cualquier precio para su óptica la palabra "verdad", así debe de ser reencontrado el propiamente veraz bajo los nombres más malvados. Zarathustra no deja aquí ninguna duda: él dice, el conocimiento de los buenos, de los "mejores" precisamente, ha sido lo que le ha producido horror ante el hombre en general; de **esta** repulsión le habrían crecido las alas para "alejarse volando a futuros lejanos" – él no oculta que **su** tipo de hombre, un tipo relativamente sobrehumano, es precisamente sobrehumano en relación con el **bueno**, que los buenos y justos nombrarían **diablo** a su ultrahombre...

> *Ustedes los hombres supremos, a quienes encontraron mis ojos, ésta es mi duda sobre ustedes y mi risa secreta: ¡yo adivino que ustedes habrían de llamar a mi ultrahombre – diablo!*
>
> *Tan extraños son ustedes con su alma a lo grande, que el ultrahombre les sería* **terrible** *en su bondad...*[147]

En este lugar y en ningún otro hay que partir para comprender que **quiere** Zarathustra: esta especie de hombre que él concibe, concibe la realidad **como es**: ella es lo suficientemente fuerte para ello – , ella no le está extrañada, apartada, ella es **ella misma**, ella aún tiene todo lo terrible y cuestionable en sí, **con esto recién puede el hombre tener grandeza...**

6.

– Pero yo también he elegido para mí en otro sentido diferente la palabra **inmoralista**, como insignia, como condecoración; yo estoy orgulloso de tener esta palabra, que me destaca frente a toda la humanidad. Nadie aún ha sentido como **debajo** de sí a la moral **cristiana**: para ello se requería de una altura, de una visión lejana, de una profundidad y una hondura psicológicas hasta ahora totalmente inauditas. La moral cristiana fue hasta ahora la Circe de todos los pensadores, – ellos estaban a su servicio. – ¿Quién, antes de mí, ha penetrado en las cavernas de las cuales brota el hálito venenoso de esa especie de ideal – **¡La difamación del mundo!** – ? ¿Quién ha siquiera osado suponer **que** son cavernas? ¿Quién fue, en general, antes de mí entre los filósofos **psicólogo** y no más bien su contraposición, "farsante superior", "idealista"? Antes de mí no ha habido en absoluto ninguna psicología. – Ser aquí el primero puede ser una maldición, en todo caso es un destino: **pues también se es el primero en despreciar...** El **asco** por el hombre es mi peligro...

7.

¿Se me ha entendido?– Lo que me separa, lo que me pone al márgen de todo el resto de la humanidad es el haber **descubierto** la moral cristiana. Por eso estaba necesitado de una palabra que tuviera en el sentido un desafío a todo hombre. No haber abierto antes los ojos en esto vale para mí como la más grande suciedad que la humanidad tiene sobre la conciencia, como autoengaño convertido en instinto, como voluntad de **no** ver, por principio, cada acontecimiento, cada causalidad, cada realidad efectiva, como falsificación *in psychologicis* hasta el delito. La ceguera ante el cristianismo es el **delito** *par excellence* – el delito **contra la vida**... Los milenios, los pueblos, los primeros y los últimos, los filósofos y las viejas mujeres –descontando cinco, seis instantes de la historia, a mí como el séptimo– en este punto son todos ellos dignos unos de otros. El cristianismo fue hasta ahora **el** "ser moral", un *curiosum*[148] sin igual – y, **como** "ser moral" ha sido más absurdo, más mendaz, más petulante, más frívolo, **más perjudicial a sí mismo** que todo lo que el más grande despreciador de la humanidad se podría haber soñado. La moral cristiana – la forma más maligna de la voluntad de mentira, la auténtica Circe de la humanidad: lo que la ha **corrompido**. **No** es el error como error lo que me horroriza en este espectáculo, **no** la carencia milenaria de "buena voluntad", de disciplina, de decencia, de valentía en lo espiritual, que se delata en su victoria: – ¡es la carencia en naturaleza, es el hecho completamente estremecedor de que la **contranaturaleza** misma como moral recibiera los máximos honores y quedara colgada como ley, como imperativo categórico, sobre la humanidad!... ¡Equivocarse en tal medida, **no** como individuo, **no** como pueblo, sino como humanidad!... Que se enseñara a despreciar los instintos más primeros de la vida; que se **mintiera** un "alma", un "espíritu", para cometer ultraje con el cuerpo; que se enseñe a sentir algo impuro en el presupuesto de la vida, en la sexualidad; que se busque el principio del mal en la más profunda necesidad de desarrollo, en el más **severo** egoísmo (– ¡La palabra misma ya es difamadora!); que, a la inversa, se vea el valor **superior**, ¡qué digo! ¡**el valor en sí**! en los signos típicos de la decadencia y de la contradicción de los instintos, en lo "desinteresado", en la pérdida del centro de gravedad, en la "despersonalización" y "amor al prójimo" (– ¡**adicción** del prójimo!)... ¡Cómo! ¿La humanidad misma estaría en *décadence*? ¿Lo estuvo siempre? – Lo que es cierto es que se les han **enseñado** sólo valores de *décadence* como valores supremos. La moral de la renuncia a sí mismo es la moral del ocaso *par excellence*, el hecho "yo perezco" traducido al imperativo: "Ustedes **deben** perecer todos" – ¡Y **no sólo** en el imperativo!... Esta única moral, que fue enseñada hasta ahora, la moral de la renuncia a sí mismo, delata una voluntad final, ella **niega** a la vida en su fundamento más profundo. – Aquí queda abierta la posibilidad de que no sea la humanidad la degenerada, sino sólo aquella parasitaria especie de hombre, la del **sacerdote**, que con la moral se ha elevado fraudulentamente a sí misma como su determinadora de valores, – que en la moral cristiana adivinó su medio de **poder**... Y de hecho, esta es **mí** visión: los maestros, los guías de la humanidad, todos ellos teólogos, fueron todos ellos *décadents*: **de ahí** la transvaloración de todos los valores en lo enemigo de la vida, **de ahí** la moral... **Definición de la moral**: Moral – la idiosincrasia de *décadents*, con la oculta intención de vengarse **de la vida** – y con éxito. Yo doy valor a **esta** definición. –

8.

– ¿Se me ha entendido? – Precisamente yo no he dicho ninguna palabra que no hubiese dicho ya hace cinco años por boca de Zarathustra. – El **descubrimiento** de la moral cristiana es un acontecimiento que no tiene igual, una verdadera catástrofe. Quien aclara sobre ella es una *force majeure*, un destino – él parte la historia de la humanidad en dos partes. Se vive **antes** de él, se vive **después** de él... El rayo de la verdad acertó precisamente aquello que hasta ahora estaba más alto: quien comprende lo **que** ha sido exterminado ahí, quiera ver si todavía le queda siquiera algo en las manos. Todo lo que hasta ahora se llamó "verdad" es reconocido como lo más dañino, lo más pérfido, la forma más subterránea de la mentira; el sagrado subterfugio de "mejorar" a la humanidad como el ardid de **succionar** la vida misma, volverla anémica. Moral como **vampirismo**... Quien descubre la moral, ha descubierto también el no-valor de todos los valores en los que se cree o ha creído; él ya no ve más nada venerable en los más venerados, incluso en los tipos de hombres proclamados **santos**, él ve en ello la especie más fatal de engendros, fatal **porque fascinaron**... El concepto "Dios" inventado como concepto – contrapuesto a la vida, – ¡en él todo lo dañino, envenenador, difamador, toda la enemistad mortal contra la vida, llevada a una horrible unidad! El concepto "allende", "mundo verdadero", inventados para desvalorizar el **único** mundo que hay, – ¡para no dejar ninguna meta, ninguna razón, ninguna tarea restante a nuestra realidad-terrenal! ¡El concepto "alma", "espíritu", finalmente incluso "alma inmortal", inventado para despreciar el cuerpo, para hacerle enfermar –"santo"–, para contraponer una estremecedora liviandad a todas las cosas que merecen seriedad en la vida, las cuestiones de alimentación, vivienda, dieta espiritual, tratamiento de enfermos, higiene, clima! ¡En lugar de la salud la "salvación del alma" – quiere decir una *folie circulaire*[149] entre convulsiones de penitencia e histerias de redención! ¡El concepto "pecado" inventado junto con el correspondiente instrumento de tortura, el concepto "voluntad libre" para confundir los instintos, para hacer del recelo ante los instintos una segunda naturaleza! ¡En el concepto del "desinteresado", del "negador-de-sí-mismo" la insignia propia de la *décadence*, el ser **seducido** por lo nocivo, el no-**poder**-encontrar-ya-más-su-provecho, la auto-destrucción convertidos en el signo del valor sobre todo, en el "deber", en la "santidad", en lo "divino" en el hombre! Finalmente –es lo más terrible– en el concepto de hombre **bueno** tomar partido por todo lo débil, lo enfermo, lo mal constituido, lo sufriente-en-sí-mismo, todo aquello **que debe perecer** – , atravesada la ley de la **selección**, convertida en ideal de la contradicción ante el orgulloso y bien constituido, ante el que dice sí, ante el seguro de futuro, del hombre garante de futuro – este es ahora **el malvado**... ¡Y todo esto fue creído **como moral!** – **Ecrasez l'infâme!** – – [150]

9.

– ¿Se me ha entendido? – **Dionisos contra el crucificado...**

Notas

[1] Famosas palabras de Pilatos: "Aquí tenéis al hombre". Cfr. Jn 19,5

[2] Cfr. Píndaro, Píticas II, v.72. La cita sería: "Llega a ser el que eres".

[3] *Nitimur in vetitum:* Nos lanzamos hacia (nos atrae) lo prohibido. En latín en el original.

[4] Relativo a Alción, es utilizado como sinónimo de sereno, sosegado, símbolo de paz. El mito remite al pájaro que debía su nacimiento a la metamorfosis de las hijas de Alcineo.

[5] Cfr. *Así habló Zarathustra*, II, "La hora más silenciosa".

[6] Cfr. *Así habló Zarathustra*, II, "En las islas bienaventuradas".

[7] *Tempo*: ritmo, cadencia. En italiano en el original.

[8] *Décadent*: decadente. En nuestra traducción dejamos los términos no alemanes empleados por Nietzsche tal como él los emplea.

[9] Cfr. *Así habló Zarathustra*, I, "De la virtud que regala", 3.

[10] La fecha es el 15 de octubre de 1888.

[11] Con la *Transvaloración de todos los valores* Nietzsche se refiere al texto que finalmente fue titulado *El Anticristo*.

[12] *Par excellence*: por excelencia. En francés en el original.

[13] *Nuances*: matices. En francés en el original.

[14] *Summa summarum*: en conjunto. En latín en el original.

[15] *Pur sang*: pura sangre. En francés en el original.

[16] *Canaille*: gentuza, chusma, plebe. En francés en el original.

[17] *Disharmonia praestabilita*: desarmonía preestablecida. Irónica alución a la "armonía peestablecida" de Leibniz. En latín en el original.

[18] *Noblesse*: nobleza. En francés en el original.

[19] Se refiere a Guillermo II (1859-1941), que recién subía al trono, y por el cual Nietzsche no sentía ningún aprecio.

[20] En Heinrich von Stein (1857-1887) se habían puesto grandes esperanzas, pero falleció a los treinta años de edad. La visita a la que refiere Nietzsche ocurrió del 26 al 28 de agosto de 1884.

[21] *Junker:* hidalgo, hijo de nobles, noble.

[22] Karl E. Dühring (1833-1921), filósofo y economista alemán al que Nietzsche tenía por anarquista. Llegó a ser profesor en la Universidad de Berlín.

[23] Bayreuth, pequeña ciudad junto al Main en Baviera, en donde Richard Wagner se asentó finalmente bajo el mecenazgo de Ludwig II. Cuando Nietzsche alude a Bayreuth, por extensión lo hace a Wagner.

[24] Este escrito, al que Nietzsche se refiere aquí, constituye ahora la cuarta parte de *Así habló Zarathustra*.

[25] *Honnetter*, del francés *honnête*: honesto, sincero, correcto. Así en el original.

[26] *Fatum*: destino, acontecimiento necesario, destinal. En latín en el original.

[27] David Friedrich Strauss (1808-1874), fue filósofo y escritor, también dedicado a la política. Ideológicamente orientado hacia la izquierda hegeliana.

[28] Traduzco la palabra *Bildung* del alemán por "formación cultural" y no por cultura. Traduzco *Kultur* o *Cultur* por "cultura", para mantener la diferencia.

[29] *De rigueur*: de rigor, riguroso. En francés en el original.

[30] Cfr. *Así habló Zarathustra*, II, "De la chusma".

[31] Inteligente es el término con el que optamos por traducir "*Klug*". *Klug* también significa "sensato", "perspicaz" y hasta "listo"; nosotros entendemos que inteligente abarca el sentido más completo del término.

[32] *Virtù*: virtud. En italiano en el original.

[33] *Alla tedesca*: al modo alemán. En italiano en el original.

[34] *Vanitas*: vanidad. En latín en el original.

[35] *Grog*: bebida caliente a base de agua, azúcar y ron u otro destilado, algunos le agregan limón.

[36] A la Escuela de Pforta ingresa el joven Nietzsche para realizar los estudios medios, recibiendo una excelente formación humanística.

[37] *In vino veritas*: en el vino está la verdad. En latín en el original.

[38] *Table d'hôte*: mesa de huéspedes; refiere a la mesa común de las pensiones. En francés en el original.

[39] *Agaçante*: irritante, excitante. En francés en el original.

[40] *Vigor*: vigor, fuerza, resistencia. En latín en el original.

[41] *In physiologicis*: en asuntos de fisiología. En latín en el original.

[42] *Sui generis*: especial, peculiar, original. En latín en el original.

[43] *Les Sceptiques Grecs*: *Los escépticos griegos*. París, 1887; y Editorial Losada, 1945.

[44] *Laertiana*: estudios filológicos de Nietzsche sobre Diógenes Laercio.

[45] *Largeur du coeur*: amplitud de corazón, generosidad. En francés en el original.

[46] *Ex ungue Napoleonem*: expresión en latín que interpretada significa: "Por la uña se reconoce a Napoleón". En latín en el original. Se juega con una conocida frase que Plutarco atribuye a Alceo, que dice así: *Ex ungue leonem pingere* (Por la uña, pintar al león); en nuestro caso: Napo-*leonem*.

[47] *Manfred-Meditation*, para piano a cuatro manos; compuesta por Nietzsche en el año 1872.

[48] Euterpe, musa de la música en la mitología griega.

[49] *Et hoc genus omne*: y toda esa gente. En latín en el original.

[50] *Délicatesse*: delicadeza. En francés en el original. [N. del T]

[51] *Mise en scène*: puesta en escena. En francés en el original.

[52] Cfr. *Más allá del bien y del mal*, parte octava, 256.

[53] *Fond*: fondo. En francés en el original.

[54] *Non plus ultra*: nada más allá; indica lo insuperable. En latín en el original.

[55] Nietzsche se refiere aquí a su amigo *Peter Gast* (Pedro el huésped), tal como apodó al compositor y ensayista Heinrich Köselitz. Éste acudió a las lecciones dictadas por Nietzsche en la Universidad de Basilea en 1875, convirtiéndose luego en excelente amigo.

[56] *Nosce te ipsum*: conócete a ti mismo. En latín en el original. Traducción latina de célebre inscripción en el santuario de Delfos.

[57] *Attitude*: actitud. En francés en el original.

[58] F. Ritschl (1806-1876), maestro de Nietzsche, fue profesor de filología clásica en Bonn y en Leipzig. Gracias a él Nietzsche es nombrado como profesor en Basilea.

[59] Leopold von Ranke (1795-1886), historiador alemán, profesor en la Universidad de Berlín.

[60] *Amor fati:* amor al destino, aceptación del destino. Esta fórmula expresa una actitud cara a los antiguos estoicos. En latín en el original.

[61] *Non legor, non legar*: no soy leído, no seré leído. En latín en el original.

[62] *Bund*: periódico de la ciudad de Berna, Suiza.

[63] Thomas Carlyle (1795-1881), filósofo e historiador escocés de la literatura. Expuso su propio concepto de "héroe" que, como se puede inferir del texto, fue rechazado por Nietzsche.

[64] *Kreuzzeitung*: El verdadero nombre de este periódico prusiano, de la época de Bismarck, era *Neue Preusische Zeitung*. El apelativo refiere a una "cruz de hierro" (*Kreuz*: cruz) que aparecía en la cabecera.

[65] *Romancier*: novelista. En francés en el original.

[66] *Toutes mes audaces et finesses*: todas mis audacias y sutilezas. En francés en el original.

[67] *Esprit*: ingenio, ligereza, agudeza intelectual. En francés en el original.

[68] Cfr. *Así habló Zarathustra,* III, "Del rostro y el enigma", 1.

[69] Aquí hay un juego de palabras entre *Hohltöpfen* (cacharros vacios) y *Kohlköpfen* (cabezas de col). Indirecta alución también a la típica comida alemana, el chucrut, que se elabora en base al repollo –col–.

[70] *Ego*: yo. En latín en el original.

[71] Circe: Legendaria hechicera –embaucadora– en la mitología griega, habitaba la isla de Cea y poseía el poder de elaborar venenos y lograr transformaciones; así, convirtió a los compañeros de Ulises en animales.

[72] Ménade: sacerdotisa de Baco, bacante.

[73] Cfr. *Así habló Zarathustra,* I, "De viejas y jóvenes mujercitas".

[74] Cfr. *El Anticristo*; "La ley contra el cristianismo", cuarta proposición (última página del texto).

[75] Cfr. *Más allá del bien y del mal,* parte novena, 295.

[76] Cfr. *Crepúsculo de los ídolos,* "Lo que yo agradezco a los antiguos", 5.

[77] Cfr. *Intempestivas,* IV, "Richard Wagner en Bayreuth". Nosotros ubicaremos los pasajes mencionados por Nietzsche, de aquí en más, en los correspondientes capítulos.

[78] Cfr. "Richard Wagner en Bayreuth", 7.

[79] Cfr. "Richard Wagner en Bayreuth", 1.

[80] Cfr. "Richard Wagner en Bayreuth", 4.

[81] Cfr. "Richard Wagner en Bayreuth", 9.

[82] Cfr. "Richard Wagner en Bayreuth", 6.

[83] Las cuatro *Intempestivas* son: I. "David Strauss, el confesor y el escritor". II. "Sobre la utilidad y la desventaja de la historia para la vida". III. "Schopenhauer como educador". IV. "Richard Wagner en Bayreuth".

[84] *Satisfait*: satisfecho. En francés en el original.

[85] "Strauss", además de ser el apellido del pensador que Nietzsche ataca, en alemán significa "avestruz".

[86] G. H. Ewald (1803-1875). Profesor de la Universidad de Gotinga; cátedra de lenguas orientales.

[87] Bruno Bauer (1908-1882). Profesor de teología en Berlín y Bonn, orientado hacia la izquierda hegeliana.

[88] H. G. Treitschke (1834-1896). Profesor de la Universidad de Berlín. Político e historiador.

[89] Franz Hoffmann (1804-1881). Publicó las obras completas de Franz von Baader.

[90] Karl Hillebrand (1829-1884). Historiador, publicista y secretario de H. Heine en París.

[91] *Augsburger Zeitung*: periódico de la ciudad de Augsburgo, en el estado alemán de Baviera.

92 *Libre penseurs*: librepensadores. En francés en el original.

93 Cfr. *Intempestivas*, III, "Schopenhauer como educador", 7.

94 *Grand seigneur*: gran señor. En francés en el original.

95 Karl Franz Brendel (1811-1868). Musicólogo alemán, partidario de Wagner y Liszt.

96 *Bayreuther Blätter*: hojas de Bayreuth; periódico de Bayreuth.

97 Juego de palabras con los apellidos de los wagnerianos alemanes *Nohl* y *Pohl*; Nietzsche le agrega *Kohl*, que además de ser un apellido significa "col" o "berza".

98 *Spiritus*, significa "alcohol" en alemán; Nietzsche juega con este significado y el de *spiritus*: "espíritu", en latín.

99 *Psychologica*: observaciones psicológicas. Así en el original.

100 Paul Rée (1849-1901). Psicólogo y amigo de Nietzsche, hasta la ruptura de éste con Lou von Salomé (en 1883), amiga de ambos.

101 *Lisez*: léase. En francés en el original.

102 Cfr. *Humano, demasiado humano*, I, 37.

103 *Die fröhliche Wissenschaft*; traducimos *"fröhliche"* por "gaya", ya que es ése el término que Nietzsche utiliza, del latín, en el subtítulo aclaratorio. Si no, la traducción usual de "*Froh*", *"fröhlich"*, es "alegre".

104 Cfr. *La gaya ciencia*, libro cuarto, "Sanctus Januarius" (San enero). Fechado: Génova, enero 1882.

105 *Albergo*: albergue, fonda. En italiano en el original.

106 Citado así en el original. Cfr. *La gaya ciencia*, libro quinto, 382: "La gran salud".

107 *Medium*: medio, a través o por el cual. En latín en el original.

108 Cfr. *Así habló Zarathustra*, III. "El retorno al hogar".

109 *Comme il faut*: como debe ser. En francés en el original.

110 *Loggia*: lugar, habitación. En italiano en el original.

111 Cuando Nietzsche escribe esto el *Zarathustra* se componía de sólo tres partes, no de cuatro como hoy lo conocemos.

112 *Rancune*: rencor. En francés en el original.

113 Cfr. *Así habló Zarathustra*, III, "De viejas y nuevas tablas", 19.

114 Cfr. *Así habló Zarathustra*, III, "De viejas y nuevas tablas", 19.

115 Cfr. *Así habló Zarathustra*, II, "La canción de la noche".

116 Cfr. *Así habló Zarathustra*, II, "De la redención".

117 Cfr. *Así habló Zarathustra*, II, "En las islas bienaventuradas".

118 *Gentilhomme*: gentil hombre, caballero, noble. En francés en el original.

119 *Petits faits*: hechos pequeños. En francés en el original.

120 *Régime*: regimen. En francés en el original.

121 Los tres tratados son: Tratado primero: "Bien y mal", "Bien y malo".

Tratado segundo: "Culpa", "Mala conciencia" y similares. Tratado tercero: ¿Qué significan los ideales?

[122] *Tempo feroce*: tiempo, ritmo feroz. En italiano en el original.

[123] *Faute de mieux*: a falta de algo mejor. En francés en el original.

[124] Cfr. *Genealogía de la moral*, tercer tratado, 28. Con estas palabras finaliza el texto.

[125] Según se desprende de este texto, Nietzsche escribió dos prólogos, uno el 3 de setiembre y el otro el 30 de setiembre. Finalmente queda como prólogo en el libro este segundo; el primero es reelaborado como un capítulo del libro.

[126] *Der Fall Wagner*. *El caso Wagner* es la traducción correcta; asimismo "Fall" también significa caída, derrumbamiento, que utilizado por Nietzsche no es casual.

[127] *Ridendo dicere severum*: riendo decir cosas serias. En latín en el original.

[128] *Verum dicere*: decir la verdad. En latín en el original.

[129] Giuseppe Balsamo (1743-1795), conde de Cagliostro. Famoso por sus fraudes y estafas en el ámbito de la medicina. No es la primera vez que Nietzsche utiliza el término.

[130] *Évangile des humbles*: el evangelio de los humildes. En francés en el original.

[131] *Der Trompeter von Säkingen*. Nietzsche alude aquí a la ópera cómica de Víctor Nessler (1841-1890), de espectacular éxito en su estreno en 1884.

[132] Artera música...; traduce *listiger Kirchenmusik*, que juega con las palabras Liszt – Listiger (artera).

[133] *In historicis*: en cuestiones de historia. En latín en el original.

[134] "Alemania, Alemania sobre todo"; es el comienzo el antiguo himno Alemán.

[135] *Imperium romanum*: Imperio romano. En latín en el original.

[136] Friedrich Theodor Vischer (1807-1887). Esteta alemán de orientación hegeliana, fue profesor en la Universidad de Tubinga.

[137] *Force majeure*: fuerza mayor. En francés en el original.

[138] *Névrose nationale*: neurosis nacional. En francés en el original.

[139] Juego de palabras que tiene sentido en alemán, donde *Schleiermacher* significa: fabricante de velos.

[140] Cfr. *Intempestivas*, III, "Schopenhauer como educador", 6.

[141] Georg Brandes (1842-1927); profesor de literatura danesa. Fue el primero que estudió sistemáticamente la obra de Nietzsche; un ciclo de sus conferencias se tituló: "Sobre el filósofo alemán Friedrich Nietzsche"

[142] Cfr. *Así habló Zarathustra*, II, "De la superación de sí mismo".

[143] *Niaiserie par excellence*: la tontería, estupidez, por excelencia. En francés en el original.

[144] *Homines optimi*: hombres más óptimos, más buenos, los mejores. En latín en el original.

[145] Cfr. *Así habló Zarathustra*, III, "De viejas y nuevas tablas", 28.

[146] Cfr. *Así habló Zarathustra*, III, "De viejas y nuevas tablas", 26.

[147] Cfr. *Así habló Zarathustra*, II, "De la inteligencia de los hombres".

[148] *Curiosum*: una curiosidad, excentricidad. En latín en el original.

[149] *Folie circulaire*: locura circular. En francés en el original.

[150] *Ecrasez l'infâme*: aplastad a la infame. En francés en el original. Conocida frase con la que Voltaire finalizaba algunas de sus cartas.

Índice

Índice